JN065012

ひとりの「さみしさ」とうまくやる本

孤独をたのしむ。

大愚元勝
福厳寺住職

興陽館

カバーイラスト
はしのちづこ

はじめに
さみしいという「孤独感」と
うまくつきあうには？

本書は「ずっとさみしさを抱えたままで生きていくのがつらい」という人のために書きました。

不安でさみしくて胸がしめつけられる日が続く、誰といても、「さみしさ」から逃れられない。

ひとりの「さみしさ」とどう折り合いをつけてつきあっていけばいいんだろうか。

あなたもそんなふうに思うことはありませんか？

私がYouTubeで『大愚和尚の一問一答』という人生相談を始めて6年目を迎えます。

私のもとに日々、寄せられるお便りの内容は、「老いの問題」「恋愛問題」「結婚・離婚問題」「友人問題」「家族問題」「ジェンダー問題」「仕事問題」「金銭問題」「病気の問題」「命の問題」……と多岐にわたっています。

けれど悩みの多くが、つきつめていけばさみしいという孤独感にいきつくのです。

たとえば、「老い」てゆくほど周りから人がいなくなり、ひとりの「さみしさ」を味わうというケース。

孤独が怖いという気持ちから「結婚したい」という思いが生じ、「結婚相手がみつからない」という悩みにつながるというケース。

あるいは幼少時代の孤独な体験がトラウマとなって人間関係をうまく構築できないというケースなど。

お金がないという悩みも、病気の問題も、命の問題も、その多くは孤独と密接な関係にあるといえるでしょう。

相談者から寄せられる手紙やメールの文面に「孤独」や「さみしい」という言葉

が一度も綴られていなくても、「私はさみしい」「孤独が怖い」「二度とさみしい思いをするのは嫌だ」といった叫び声が聞こえてくるようです。

ストレートに「この砂漠のような孤独感から抜け出すためにはどうしたらいいのでしょうか？」と質問を投げかけてこられる方も少なからずいます。

結論から先に申し上げれば、**「私はさみしいのです」と誰かに打ち明ければ、それだけで救われます。**

打ち明けることのできる家族や友達がないのなら、匿名でラジオの人生相談に投稿するのでもいいし、私のように人生相談を行っている僧侶に救いを求めるのも一案でしょう。

たとえ回答を得られなくても、誰かに聞いてもらうだけで心が軽くなる。誰かに悩みを打ち明け、ガス抜きをすることは心のバランスを保つうえでほんとうに大切なことなのです。

それができないのは、世間体を気にするプライドでしょうか？　それとも孤独であることを認めたくないのでしょうか？

もしかしたらさみしさに慣れてしまい、自分を苦しめているのがさみしさだということに気づいてさえいないのかもしれません。

これから「さみしさ」や「孤独」について深く掘り下げてお話をしていこうと思います。でもその前にお伝えしておきたいことがあります。

それは「自分はさみしいのだ」という認識のある人は、もっとも苦しい局面から逃れることに成功していますよということ。

「私はさみしいのです」と素直に言える人は大丈夫。その言動の後ろ盾となっているのは「希望」です。

本書では第一章「なぜさみしいの？」に始まり、第二章「老いのさみしさとうまくやる」、第三章「おひとり様のさみしさとうまくやる」、第四章「集団の中でのさみしさを感じたとき」、第五章「友達がいないさみしさについて」、第六章「家族の中のさみしさについて」、第七章「愛する人との死別のさみしさを乗りこえるには」と、シチュエーション別にしなやかな心を備えるためのヒントをお伝えしています。

誰の人生も修行の連続ですが、すべては心の平安に到達するための学びです。お釈迦様のお導きに耳を傾け、さみしさ＝孤独感とうまくつきあう術を覚えてください。

本書がみなさまの心の支えとなることを願ってやみません。

目次

はじめに——さみしいという「孤独感」とうまくつきあうには?——3

第一章 なぜさみしいの?

・孤独は目には見えない「本能」——18
・「さみしさ」の原因はどこにある?——21
・お釈迦様の教えは「さみしい心」の処方箋——27
・犀《さい》の角のごとくただ独り歩め——30

第二章

老いのさみしさとうまくやる

・誰かと自分を比べていませんか？――33
・人間関係のしんどさを消す方法――36
・今日の私は昨日の私ではない――40
・孤独感を手放すための4つのステップ――43
・なぜ年をとると孤独になるのか――50
・疎外感から逃れるための方法――54
・幸せに生きるためのたったひとつの秘訣――58
・自分の未成熟さを見直す――63

・老いの孤独の処方箋 —— 67
インターネットやスマホについていけないとき
相談する人がいないとき
世代交代が受け入れられないとき
周囲の人に迷惑をかけたくないとき
認知症になったとき
昔は良かったと思ってしまうとき

第三章 おひとり様のさみしさとうまくやる

・執着《しゅうじゃく》を手放す —— 82

第四章

・孤独なのは自分だけではない――86
・さみしさは自分自身が引き寄せている――89
・孤独だった記憶を上書きする――93
・幸せになるのはどんな人――97
・不安と孤独を混同しない――99
・瞑想で孤独のさみしさから逃れる――101

集団の中でのさみしさを感じたとき

・人とうまく交流するためのコツ――108
・なぜ人とつきあうのが怖いのか――111

第五章

友達がいないさみしさについて

・集団の中で虐《いじ》められたとき――115
・自分の居場所は自分で作る――118
・孤独とつきあう練習――120
・友達って何ですか？――128
・孤独な時間は強く生きるチャンス――131
・善き友をつくる7つの方法――135
・つきあってはいけない人、是非ともつきあうべき人――139
・人に振り回されない生き方――141

第六章

家族の中でのさみしさについて

・素直な人は孤独にならない —— 144
・SNSの友達は友達なのか？ —— 148
・ありのままの自分を認める —— 151
・問題のない家族は存在しない —— 156
・親の過干渉は子どもを孤独にする —— 158
・独り立ちするのが子の使命 —— 160
・甘えと期待が孤独感を招く —— 163
・運命のせいにしない生き方 —— 168

第七章

愛する人との死別のさみしさを乗りこえるには

見送る孤独

・愛する人の死を受け入れるための5つのステップ —— 174
・死別の悲しみから立ち直るには —— 176
・少しずつ孤独を癒すということ —— 178
・なぜ供養するのか —— 181

旅立つ孤独

・死ぬのが怖いという人へ —— 185
・孤独死は悲しいことなのか？ —— 188
・余命を宣告されたら何をするべき？ —— 191
・自分なりの死生観を備える —— 194
おわりに —— ほんとうの幸せとは何か？ —— 199

第一章

なぜさみしいの？

孤独は目には見えない「本能」

あなたは「孤独って何だろう?」と考えてみたことがありますか?

孤独だと嘆く人や、孤独になるのが怖いと訴える人に、「ところであなたにとって孤独とは何ですか?」と尋ねても、多くの人は答えられないのではないかなと思います。もしかしたら孤独が怖い人は、孤独の得体が知れないから怖いのかもしれませんね。

たとえば目の前に中身の見えない箱があって、「上にある穴から手を入れて中の物体を触ってみてください」と言われたとします。誰だって何が入っているのかわからなかったら怖いですよね。中には「ワニが入っていたら手を噛みちぎられてしまう」なんて極端なことを想像して、ムリムリと後ずさりしてしまう人だっているかもしれません。

でも目の前にあるのがスケルトンの箱で、中にいるのが可愛い子猫だと知っていたらちっとも怖くない。そればかりか、すぐにでも抱き上げて、仲良くなりたいと思うのではないでしょうか？

孤独であるという事象も同じです。孤独をきちんと理解すれば怖くはない、むしろ仲良くなりたいと思うことでしょう。ところが話はそんなに簡単ではありません。というのも、孤独というのは非常につかみどころのない感情なのです。

たとえば「私、孤独なんです」という方には、家族も友達も恋人もいないのかといえば、そうじゃない。

もちろんひとりで生きている人もいるでしょう。それでもどこかで人に会っている。

誰とも会わず自室に閉じこもっていれば孤独かもしれませんが、そうとも限らない。毎日大勢の人に囲まれて仕事をしていても、たくさんの友達と食事会をしていても、孤独だと感じてしまうことはあるものです。

仕事がうまくいっていて、お金がたくさんあって、周囲の人達からちやほやされていたら孤独ではないのかといったら、それも違います。むしろ華やかに生きる人の孤独は深いといえるでしょう。

この世は光と闇。光が強く当たれば当たるほど闇は濃いと考えることができるのです。


だったら一体、孤独って何なんだろう?という疑問が湧いてくるわけですが、その問いに対する私の答えは「本能」。孤独は人が本能的に抱く感情だと考えれば、どんな状況にいても孤独を感じてしまうことの説明がつくのではないでしょうか。

私達人間は進化の過程で仲間を作って生き延びることを覚えました。食欲を失くせと言われてもできないように、厳しい自然環境の中で仲間と協力して命をつないできたという遺伝子に刻まれた思いを拭い去ることができないのです。

孤独は誰もが備えている本能。そうである以上、さみしくない人はいません。あなたが孤独に苛まれるのはごく自然なことであり、決して特別なことではないのです。

「さみしいなぁ」「孤独でつらいなぁ」と感じたら、このことを思い出してください。

「さみしさ」の原因はどこにある？

YouTubeで配信している『大愚和尚の一問一答』のチャンネル登録者数は33万人を超えています（2021年3月現在）。仏教に救いを求める方がいかに多いかを物

孤独は
誰もが備えている本能。

語っているといえるでしょう。

お釈迦様のことを神様だと思っている方も少なくないようですが、お釈迦様は2600年近く前に実存していたとされる私達と同じ人間です。

北インド（現在のネパール）のシャカ族の王様の息子として生まれ育ち、結婚し、子宝にも恵まれたものの、人生の無常を感じて家族も財産も捨てて29歳で出家し、苦行を重ねます。しかし苦しい修行を積むことでは覚りに至ることはできず、瞑想を通して35歳のときにブッダ（真理に目覚めた人）となりました。

そして、80年のご生涯を終える間際まで、人々に苦しみを手放して幸福になる道を説き続けたのです。幸福に通じる道というのは知恵を育むこと。知恵があれば世の中を正しく見ることができると説いておられます。

人生における悟りや真理を求める人のことを仏道では「求道者《ぐどうしゃ》」と言います。いずれにしても、人生好転の要となるのは自ら答えを求める心。誰かから一方的に与えられたこと、あるいは押し付けられたことは身にならないというのが学びの本質です。

本書を手に取ってくださったあなたは、私のYouTubeに関心を寄せてくださる方々と同様に求道者であるのに違いありません。とはいえ闇雲に仏教に救いを求めても問題は解決しないということをお伝えしておきます。

かく言う私もお寺の子として生まれながら、何のために仏教を学ぶのかがわからず、若い頃にはずいぶんと苦しみました。

やがてお釈迦様の教えとは「正しく世の中を見る方法」なのだと理解したのですが、正しく世の中を見る方法を習得しただけでは人生は好転しないことに気づきます。

実はここからが本格的な修行の始まりだったのです。

修行とは一言でいえば、心の鍛錬。たとえば**さみしいと感じたときに、さみしい**

と感じている自分を客観的にみつめ、さみしさの原因をつきとめ、どうすればさみしさとうまくつきあっていくことができるのかについて考える。そうして、さみしいという感情によって、生活の質が低下しないように努めます。

その後もさみしさは幾度も襲い掛かってくるでしょう。そのたびごとに「正しく世の中を見よう」と考え、感情を理性で乗りこえる。昨日はできた気がしたけれど、今日はできなかったという一進一退を繰り返しながら、少しずつ精神性を高めていく。これが修行というものです。

ただし人生の修行を実践するかしないかは自分次第。仏教によって救われるかどうかは、私達一人ひとりの向上心に委ねられているのです。

さみしいと感じたときに、
さみしさの原因を
つきとめる。

お釈迦様の教えは「さみしい心」の処方箋

お釈迦様がお亡くなりになる折に、お弟子さんが「私達はお釈迦様亡き後、どうやって生きていけばよいのでしょうか？」と尋ねたところ、お釈迦様は「自灯明《じとうみょう》法灯明《ほうとうみょう》」と答えられました。

自灯明とは、自分をよりどころにして生きていきなさいということ。「自由」というのは仏教語ですが、自分に由る、すなわち自立することを意味します。法灯明とは仏教をよりどころにして生きていきなさいということ。

つまり、よりどころとできる自分を育み、戒律を守って生きていきなさいと諭されたのです。

戒律とは仏教徒として守るべき規律を意味します。「戒」は自分自身が守るべきルール、「律」は集団のルールのことを指し、仏教では「五戒《ごかい》」が定められています。

1　殺してはいけない
2　盗んではいけない
3　愛のない性関係を結んではいけない
4　嘘をついてはいけない
5　酒を飲んではいけない（酔うと人に迷惑をかけるため）

まえがきでも触れましたが、孤独感に苛まれている人がたくさんいます。さみしさゆえに、五戒を破ってしまう人も目立ちます。

それでは諸悪の根源は「孤独」なのかというと、そんなことはありません。大切なのは世の中を正しく見ることなのです。もっといえば、自分の見解を疑ってみることです。

自分は自分だけが孤独だと思い込んでいたけれどほんとうにそうだろうか？

自分は孤独を恐れているけれど、そもそも孤独って悪いことなのだろうか？

といった具合に。

人はとかく、自分の悩みを凝視してしまいがちですが、「世の中を正しく見る」ということには、もっと視野を広げて、自分を客観的に観察するという意味も含まれています。

世の中を正しく見なさいと説かれたお釈迦様の教えは、まさに**「さみしい心の処方箋」**。さみしさを手放すことはできませんが、**孤独に対する見方を変えることなら誰にでもできるのです。**

犀《さい》の角のごとくただ独り歩め

お釈迦様は修行者達に向けて、「犀の角のごとくただ独り歩め」という言葉を残しておられます。

私はこの言葉が、孤独を恐れるあまりに人の顔色を見たり、迎合したりしてしまうという方、人間関係に心をすり減らしている方達にも力を与えてくれるのではないかと考えています。

犀の角のごとくただ独り歩め。「犀」は動物の犀のことですが、ひとつしかない犀の角のように、求道者は他者の価値観や意見に惑わされることなく、自己の信念を貫いて暮らすことが大切であるという教えです。

『スッタニパータ』（『ブッダのことば』中村元訳・岩波文庫）には「犀の角のごとくただ独り歩め」という言葉で終わる40もの韻文が記されています。ここでは3つほど紹介しましょう。

・朋友・親友に憐れみをかけ、心がほだされると、おのが利を失う。親しみにはこの恐れのあることを観察して、犀の角のごとくただ独り歩め。

・仲間の中におれば、休むにも、立つにも、行くにも、旅するにも、つねにひとに呼びかけられる。他人に従属しない独立自由をめざして、犀の角のごとくただ独り歩め。

・今のひとびとは自分の利益のために交わりを結び、また他人に奉仕する。今日、利益をめざさない友は、得難い。自分の利益のみを知る人間は、きたならしい。犀の角のごとくただ独り歩め。

犀の角が自立した精神の持ち主の比喩であるとすれば、その真逆に位置するのは依存心の強い人ということになります。周囲の人に依存した挙句、自分の思い通りにいかなければ憎しみを抱くというのは逆恨みも甚だしいのですが、そういう人も確実にいます。

精神的に自立している人であっても、依存心の強い人であっても、孤独を恐れる気持ちに変わりはありません。けれど、お釈迦様の教えに従って精神的な自立を目指す人は、やがて孤独を受け入れ、孤高に生きていく道を選ぶことでしょう。

孤高に生きることは世捨て人になることではありません。孤高な人とは自分の人生哲学を持っている人のこと。

孤高な人は社会の中でさまざまな価値観の人と関わりつつも、自分軸を貫く覚悟を備えています。

そして、ここからが大切なところなのですが、**孤高な人は他者を批判したりすることがないので、周囲の人に慕われ、信頼され、結果的にさみしくない人生を送る**

ことができるのです。

誰かと自分を比べていませんか？

孤独だと嘆く人の特徴のひとつに、誰かと自分を比べているということが挙げられます。あなたはどうでしょうか？

あの人は楽しそうにやっているのに、自分はちっとも楽しくない。あの人は人気者なのに、自分には声を掛けてくれる人がいない。あの人には互いに支え合うパートナーがいるのに、自分にはいない。などと人と自分を比べてドンヨリしてはいないでしょうか。

そうであるとしたら、こう考えてみてください。幸せなだけの人生を送る人は一人もいないのだと。

お釈迦様は「人生は儘《まま》ならないのが普通である」と説いておられます。

生まれる

老いる

病気になる

死ぬ

ということに関して私達は無力だというのがその理由です。

いつの時代に、どこの国のどんな家に生まれるのかに関して私達は選ぶことができません。勢いよく生まれてきたものの、その瞬間から始まる老いを止めることはできず、病気になることと努力は無関係。どんなに医学が発達しても、どんなに資産家であったとしても死を避けることはできない。

この4つの避けることのできない苦しみのことを「四苦」と呼びます。さらに、

愛別離苦《あいべつりく》　愛する人との別れは必ずやってくる。
怨憎会苦《おんぞうえく》　反りの合わない人ともつきあっていかなくてはいけない。
求不得苦《ぐふとっく》　欲しいと願っても手に入らないものが多い。
五蘊盛苦《ごうんじょうく》　自分で自分の煩悩をコントロールすることはできない。
という4つの苦しみを加え、「どんな人の人生にも」8つの苦しみがあることを伝えています。

どんな人の人生にも、というところが最大のポイントです。

ただし苦難のタイミングは人それぞれに違います。今が幸せそうな人は、たまたま今が人生における春なのでしょう。やがて夏を迎え、秋の訪れを感じ、木枯らしに耐える冬を迎えるときが来ます。それは自然の摂理。

私達は嬉しいこと、楽しいこと、悲しいこと、悔しいことといったさまざまな体験を通して、人として成長していくことができるのです。

このことを理解したうえで、まずは**ひがみ根性は捨てましょう。**そうして冷静になり、**客観的に自分の置かれた状態を観察してみる。これが孤独地獄から抜け出すための第一歩**です。

人間関係のしんどさを消す方法

人間関係がしんどいという相談をよく受けます。だから自分は人と関わることを避けている。ゆえに孤独だと続きます。

それぞれに価値観が違う人達と反りを合わせていくというのは人生修行にほかなりません。近所づきあいの問題しかり、仕事場での問題しかり、嫁姑問題しかり、ママ友問題しかり、血のつながった親であっても、共に育った兄弟であっても、縁あって結ばれたパートナーでさえも、完全に理解し合うことはできない。そう気づいたときに人は大きな孤独感に苛まれます。

そもそもこの世は生きづらいもの。出る杭は打たれるという言葉がありますが、社会の中では目立つ人は叩かれてしまうのが常。かといっておとなしくしていると軽んじられてしまいがちです。

人から親切にしてもらうのは嬉しいけれど、下心があるのではないかと疑心暗鬼になったりするのが煩わしいという人もいることでしょう。

先日、私のところにみえた60代の女性は、「ほとほと自分に嫌気が差した」と切り出しました。知り合いに仕事を紹介したのに、その人からお礼メールのひとつもこないと悶々としてしまったのだとか。恩に着せている自分に気づいて自己嫌悪に陥っているということでした。

これなどは他者と自分という人間関係を超え、自分で自分を責めているわけですが、実は自分と向き合うことも人間関係なのです。

そして、**自分と向き合うという人間関係を構築することが非常に大切。**このことを「内観」と言いますが、「人は内観することでしか心の平安を迎えることはできない」とお釈迦様も説いておられます。

どんな問題も誰かのせいではなく自分の心の問題だと理解することができれば、あとは自分を改善していくことに集中すればよいだけです。といって容易なことではありませんが、ここでは苦しみを失くすためには、抱える問題をシンプルにすることが重要なのだということを心に刻んでください。

それにはまず、あなたが見舞われた悲劇の登場人物を極限まで少なくすることです。思い切って一人芝居に変更したらどうでしょう?

ヒーローも悪役も自分という一人二役を演じるのなら、うまくいかなくても誰のせいにもできません。自らを顧みて、次の舞台はうまくやろうと心に誓えばよいのです。

どんな問題も
誰かのせいではなく
自分の心の問題。

さて、あなたは自分が孤独であることを誰かのせいにしていませんか？

今日の私は昨日の私ではない

たとえばあなたが大切な家族を失って孤独だと落ち込んでいたとしましょう。そして、あまりにも苦しいので仏教に救いを求めたとしましょう。

その場合、お釈迦様は「必ず救われるときが来ます。終わらない苦しみはありませんから」と断言なさるはずです。

なぜかというとこの世のあらゆるものは移ろい続けているから。

仏教では、このことを「諸行《しょぎょう》無常《むじょう》」と表現しています。

「諸行」とは万物のことで、その中には人の気持ちも含まれます。「無常」とは同じ姿のまま留まることはないという意味です。

今は喪失の悲しみが癒えることはないと孤独の中にいる人も、時の経過とともに悲しみは薄れます。どんなにつらい出来事もやがて消え去ってしまうことでしょう。

そう考えると自分なんていい加減なものです。「私」の気持ちや外見はどんどん変化していくのですから。

それればかりか、そもそも「私」と思っているのは自分だけで、親から見れば「子ども」であり、我が子から見れば「親」であり、孫から見れば「おばあさん」「おじいさん」であり、仕事仲間から見れば「同僚」といった具合に、「私」は他者との関係性によってあり様が変わってしまうあいまいな存在なのです。

お釈迦様は「生きとし生けるものはすべて関係性によって成立している」という真理を説いておられ、このことを「縁起《えんぎ》」と言います。

お釈迦様は、「私」という認識が「色《しき》」「受《じゅ》」「想《そう》」「行《ぎょう》」「識《しき》」という5つの要素から成立していると分析しておられ、このことを「五蘊《ごうん》」と言います。

色とは、肉体のこと。

受とは、「六根《ろっこん》」（目、耳、鼻、舌、身、意）が、「六境《ろっきょう》」（色、声、香、味、触、法）を感じること。

想とは、六根で感受した情報によって描くイメージのこと。

行とは、想によって生まれる「○○したい」という意志のこと。

識とは、色、受、想、行を経て認識すること。

お釈迦様が「五蘊」として分析してみせたのは、今の自分だけをみつめて「これが私だ」と絶対的に決めつけてしまうことこそが、苦しみの根源であることを示すためです。

人が生きづらさを感じたり、息苦しさを感じたりするのは、絶対固定された「私」など存在しないのに、「これが私だ」と決めつけているからだと、お釈迦様は説いておられるのです。

変容する自分を肯定しましょう。**今日の私は昨日の私と同じではない。**心模様は刻々と変わり、それに伴って見える景色は変わるのだと。そうすれば自ずと「失恋したからといって、この苦しみが永遠に続くわけではない」「ずっと孤独なままであるはずがない」と信じることができるでしょう。

孤独感を手放すための4つのステップ

これまでのところで、私達の人生にはもれなく8つの苦しみがついてくるという話をしました。誰の人生も一難去ってまた一難。人生の本質は「苦」の連続なのだといえるのです。

けれどお釈迦様は、どうすれば苦しみを手放すことができるのかについても説いてくださっています。「四諦《したい》」と呼ばれる真理がそれです。

「四諦」とは、「苦諦《くたい》」「集諦《じったい》」「滅諦《めったい》」「道諦《どうたい》」という4つの諦めのこと。「諦める」というと後ろ向きなイメージですが、諦めるは「明らめる」の意味で、つまり「物事を明らかにする」「真理に達する」ことに通じています。

苦諦とは、人生に苦しみはつきものだと受け入れること。

集諦とは、苦しみの原因は迷いの心の集積であると知ること。

滅諦とは、苦しみを滅することができるのだと知ること。

道諦とは、苦しみを手放すための具体的な方法があると知ること。

つまり「四諦」とは、闇雲に苦しむなという教え。現状を受け入れる→原因を探る→目標を掲げる→具体的な方法を考えるという、人が苦しみを手放すための4つのステップを示しているのです。

ちなみに「道諦」にある正しい生き方とは「八正道《はっしょうどう》」と呼ばれる教えです。

正見《しょうけん》＝無常を認め、受け入れる。

正思《しょうし》＝欲や怒りを離れて正しい考えを持つ。

正語《しょうご》＝正しい言葉づかいをする。

正業《しょうぎょう》＝正しい行いをする。

正命《しょうみょう》＝正しい仕事をする。

正精進《しょうしょうじん》＝正しく努力する。

正念《しょうねん》＝正しく気づく。

正定《しょうじょう》＝正しく「気づく」ために精神統一をする。

お釈迦様は八正道を実践することで、苦しみを退治することができると説いておられます。あなたにとって孤独が苦しみでしかないとしたら、それもまた八正道をもってすれば解決することができるのです。

ただし、たちどころに孤独が消えるというわけではありません。

まずは孤独と徹底的に向き合うことです。なぜこんなに孤独なのか？　自分はどうなりたいのか？　孤独だからと心を閉ざしたままでいいのか？　強さを備えるべきではないのか？　そのためには、きちんと食べ、十分に寝るといった規則正しい生活を心がけるべきではないのか？　と。

徹底的に孤独と向き合えば、自分の弱さやずるさが浮き彫りになってきます。あなたが改善すべきことが見えてきます。そのときあなたは、孤独だと嘆きながら、その実、孤独に逃げ込んでいた自分に気づくことでしょう。

まずは孤独と徹底的に向き合うことです。

第二章

老いのさみしさとうまくやる

なぜ年をとると孤独になるのか

仏教の基本的な考え方に「縁起《えんぎ》」というものがあります。

第一章の「今日の私は昨日の私ではない」のところでも触れていますが、「縁起」とは「生きとし生けるものはすべて関係性によって成り立っている」というこの世の真理です。

固定された「私」は存在せず、たとえば会社の部下から見れば「上司」、家に帰れば「夫」、子どもから見れば「お父さん」といった具合に、人は関わる人との関係性によって役割が違います。

そのため「私はこういう人間だ」と自分で自分を固定してしまうと生きづらく

なってしまう。人はみな、その都度その都度の役割を果たしていくことが大切なのです。

さて、ここから本題に入りますが、人が年齢とともに孤独になっていくというのは至極当たり前のことだと思います。

なぜなら役割が一つひとつ終わっていくのですから。たとえば定年退職をすれば、「上司」という役割が終わります。妻に先立たれれば「夫」という役割を終えます。

孤独は誰もが備えている本能ですので、若いときだって孤独を感じることはあるのですが、若さというのはちょっとくらいの孤独なら吹き飛ばしてしまえるパワーがあります。孤独感でモヤモヤしていても、友達とドンチャン騒ぎをしてさみしさを誤魔化すことができるでしょう。忙しくて孤独に浸っている暇がないということもあるでしょう。

一方、年を重ねると体力がなくなり、つきあいを断るようになります。たっぷりできた自分だけの時間の中で、しんみりと若かりし頃を懐古してセンチメンタルな気持ちになったり、これからのことを考えて不安に襲われたり。それから孤独の大きな要因のひとつに、子どもの独立、親しい人との死別など、出会いより別れのほうが多くなっていくことが挙げられます。

読んでいるだけで悲しくなってくると思う方がおられるかもしれませんが、穏やかな老後を送るためには、この孤独感に慣れていく必要があるのです。

そのためには孤独から目を背けず、孤独を抱える自分の心を見据えることが大切。楽しい作業ではないので億劫になってしまいがちですが、孤独をきちんと理解すれば悠然と暮らしていくことができます。

孤独は悪いものではないのに、悪いものと思い込んでいる人が多いようです。孤独に対する尺度を変えれば、**「孤独に耐える」ことから「孤独とつきあう」ことへ**と心模様を変えていくことができるでしょう。

「孤独に耐える」ことから
「孤独とつきあう」ことへ。

実は孤独を感じたときというのは、自分なりの死生観をきちんと備え、後悔のない人生を生きるための転機なのです。**孤独を感じることには希望がある。**そんなポジティブな気持ちで読み進めていただければと思います。

疎外感から逃れるための方法

私のYouTube『大愚和尚の一問一答』には高齢者からの孤独に関する相談も数多く寄せられています。もっとも多いのは「疎外感を感じる」というもの。中でも「子どもの言動に傷ついて絶望から立ち直れない」といった内容が目立ちます。

ここでは80歳になるAさんの話をご紹介しましょう。

Aさんは早くに夫と死別し今でいうところのシングルマザーとして昼も夜も働いて娘さんを育てたとのこと。娘さんは大学に進学して薬剤師となり、やがて職場結婚をしてお子さんに恵まれます。共働きを望む娘さんの力になりたいと考えたAさんは、孫の面倒を喜んで引き受けることにしました。食事の世話から塾の送り迎えまでしていたというAさんは、「孫はほとんど自分が育てたようなものです」と胸を張ります。そのお孫さんも高校生になり、とここまではよいのですが……。

お孫さんも友達とのつきあいを優先してAさんの家に来なくなっていたある日のこと。あまりのさみしさから娘さんに連絡をして、久しぶりにみんなで会わないかと提案したところ、「みんなそれぞれに忙しいのだから勘弁してよ」と言われてしまったと。

ひどく傷ついたAさんの手紙は、「もう生きていたくないと考えてしまう私をどうぞ救ってください」と結ばれていました。

Ａさんと同様に、悔しさと虚しさを募らせた挙句、孤独だと感じている人は大勢います。

「息子夫婦が家を建てるときに金を工面してやったのに」「孫の学費を出したのは私なのに」……。なのに、こんなにぞんざいに扱われる覚えはないと情けなくなるというわけです。

気持ちは理解できますが、怒りや悲しみに浸かっているのは得策ではありません。それでは人生がもったいない。

そこで発想の転換をしていただきたいのです。

お釈迦様の教えが記された『ダンマパダ』（真理のことば）には、こうあります。

「私には子がある。私には財がある」と思って愚かな者は悩む。

しかしすでに自己が自分のものではない。

ましてどうして子が自分のものであろうか。

どうして財が自分のものであろうか。

『ブッダの真理のことば　感興のことば』（中村元訳・岩波文庫）より引用

子育ては大変です。とはいえ「育ててやったのに」とか、「お正月にも帰って来ない」などと不満を募らせるのは間違っています。子どもは親の所有物ではないのですから。

それに大変なことばかりではなかったはず。親が子どもから与えられるものの大きさと言ったら……。「愛される」ことより「愛する」ことで覚える愛のほうが深い。この慈悲愛こそが無形の財産です。

私はAさんに「娘の力になってあげたと言いながら、その実、Aさんは娘さんに依存していたのですね」とお伝えしました。

人がもっとも生き甲斐を感じるのは、誰かに必要とされているときだといいます。言い方を変えれば、必要とされているうちが花なのです。
ならば一度きりの人生の中で、花の時期を与えられたことに感謝しませんか？
愛する人の力になることができたなんて、素晴らしい人生ではないかと。

ものは捉えよう。人生にはいろいろなことがありますが、どんなことでも立ち位置によって見える景色が変わってきます。見方次第で感謝することができるのです。**このことに気づいた人から幸せな老後が始まるといえるでしょう。**

幸せに生きるための
たったひとつの秘訣

さらにAさんには「今度、娘さんと話すときに、『孫の世話をしていた頃が一番

立ち位置によって
見える景色が
変わってきます。

幸せだった。ありがとうね』と伝えてみてください」とアドバイスをしました。
きっと娘さんはギョッとすることでしょう。娘さんはAさんに恩に着せられていると身構えているのです。弱い犬ほどよく吠えるという言葉どおり、負い目があるからこそ「勘弁してよ!」だなんて酷い言葉が飛び出してしまうのです。だからこそ、「ありがとう」を伝えるのはショック療法。
「こちらこそ、ありがとう」という娘さんの言葉を聞くことができるかどうかはわかりませんが、なんらかの心の変化があるかもしれません。
心が変化すれば言動も変わります。娘さんの態度が軟化する可能性もあるのです。
仏教に「自業自得《じごうじとく》」という言葉があります。「業《ごう》」とは人間の行いのこと。「業」には、
身業《しんごう》　体で行うこと
口業《くごう》　言葉で行うこと

意業《いごう》　心の中で思うこと

の3つがあり、お釈迦様は「自ら行った善悪の行為によって、本人自身がその報いを受ける」と説いておられます。

善きことも悪しきことも自分次第だという教えです。

さらに「三時《さんじ》の業《ごう》」といって、結果を受け取る時期を3つに分けて捉えています。

順現報受《じゅんげんほうじゅ》　現世で報いを受ける業

順次生受《じゅんじしょうじゅ》　来世で報いを受ける業

順後次受《じゅんごじじゅ》　次の次の世で報いを受ける業

つまり、自分の行いは自分に返ってくるだけではないということ。お寺に生まれた私は代々のお檀家さんとのおつきあいを通じて、その人の行いは来世以降に「家系」にも返るという例を目の当たりにしてきました。

そうなってくると責任重大で、自分が誰かを傷つけた報いが可愛い孫に返ってきたりしたら大変です。でも逆に、自分が行った善き行いの報いが、巡り巡って子孫に返り、困難にぶつかったときに誰かが手を差し伸べてくれるかもしれません。

Aさんが娘さんに「ありがとう」と伝えたことによって、その想いは娘さんを素直な気持ちへと誘い、お孫さんの育て方にも影響を及ぼすことでしょう。こうしてよい縁をつないでいくことが私達の使命なのです。

不愉快なことや理不尽なことに遭遇したとき、私達は仏教でいうところの「自利《じり》心《しん》」と「利他心《りたしん》」とに分かれた心の岐路に立たされます。

自利心とは、自分のことしか考えない利己的な心のこと。

利他心とは、他者のことを優先する利他的な心のこと。

人は誰でも自分のことが一番可愛いのです。ですから放っておくと自利心に走ってしまいがちなのですが、一旦立ち止まり、利他心を育てる選択をする。損得勘定は度外視して、とにかく「利他心」と矢印の示す道を選んでみてください。これこそが幸せに生きるための秘訣だといえるでしょう。

利他心を選んで生きている人が孤独になることは絶対にありません。

自分の未成熟さを見直す

昔から高齢者が口にする言葉に「近頃の若いもんは」というものがあります。この世は諸行無常。戦後、大きな困難を家族みんなで乗りこえてきた世代の方々と、豊かな時代を生きてきた人達とでは、家族や経済に対する価値観が違って当然なのです。

ここで大切なのはボヤいていても仕方がないということ。もっといえば、時代に沿った柔軟な考えを備えた者勝ちだということです。

ところが私の知る限りでいえば頑なな方が少なくありません。「孤独でたまりません」といった内容のお便りを読んでいても、結局のところ、世の中がおかしい、子育てを間違えたという展開になるケースが目立ちます。もっとも自分は悪くないと思っているから悶々としておられるわけですけれど。

ケースバイケースなので一概には言えませんが、頑なさの根底にあるのは「大人の未熟」だと私は分析しています。そして、**未成熟であることが孤独感と密接な関係にある**のだと考えています。

子どもと大人では脳が違います。簡単に言えば子どもの脳は柔らかく、これから生きていくために必要なことをどんどん吸収していく。一方、大人の脳は固くなっている。とはいえ大人の脳も発達しているのです。

たとえば、年齢を重ねた自分は記憶力は鈍ったけれど、過去の経験を活かして物事と対峙することができるということがわかってきたというのは成長。

武田鉄矢さんの歌に出てくる「人は悲しみが多いほど人には優しくできるのだから」というのは真理で、どんなにつらい体験も無駄ではないと確信している。だから生きることは怖くはないと腹をくくるというのも成長。

ところが年を重ねてできないことが増えたということだけに着目して落胆している人が多いのです。しかも、「こんなことになるなんて」と驚いておられるというのが驚きで……。

年を重ねればできないことが増えていくのは当たり前なのに、「まさかこんなことになるとは」などとおっしゃるのです。定年したら年賀状が激減することなんて火を見るよりも明らかなのに、「疎外感を感じる」とおっしゃるのです。子どもが親を超えるのは喜ばしいことなのに、「子どもに軽んじられている」とおっしゃるのです。

会社勤めをしていた頃は自由な時間が欲しくてたまらなかったけれど、定年後は欲しい欲しいと思っていた自由を手にした。このことの喜びを享受できず、ないものねだりをするというのは未熟です。

若い頃は足し算だけして生きてきたけれど、今は引き算の人生を生きている。でも足し算と引き算のどちらが良いということはありません。ただ変化を受け入れればよいだけのことなのです。


お釈迦様は諸行無常な人生を俯瞰してみつめ、できないことはできないと見極め、今の自分にできることに集中するよう示唆しておられます。**変化を恐れず、水のように柔軟にあり様を変える**よう諭してくださっています。

日々を生きることは成長するための営み。その先にあるのは明るい未来であるはずなのに、頑なさという未熟な精神が幸せな流れの邪魔をしています。どうぞそのことに気づいてください。

老いの孤独の処方箋

インターネットやスマホについていけないとき

まず、お伝えしたいのは、新しい技術についていけないのは当たり前だということです。問題は社会に参加できないという疎外感とどう対峙すればいいのかということでしょう。

ご高齢の相談者から「テレビを観ていて寄付をしたいと思っても、『ここから先はホームページで』と提示されると悲しくなる」といったお便りが寄せられました。

確かに一人暮らしである場合には、ホームページにはどうやったらたどり着くことができるのか、そもそもインターネットがどういうものなのかさえわからないのではないかと思います。

離れて暮らす息子から「老人用のスマホ」をプレゼントされ、メールは音声入力でと一通りの使い方を教えてもらったものの使いこなせずにいるという方もいます。

先日、お寺にみえた80代の男性は、家族と同居していても、みんな忙しそうにしているので教えてもらいづらいと話しておられました。

でもほんとうは若い世代の人とつながりを持つ絶好のチャンスなのではないかと私は思うのです。

年を重ねた人が万能であったら、若い人は高齢者に教えられてばかりですが、現実的には年を重ねるとできないことが増えてくるわけです。そのことによって若い世代の人達が「人に与える」側に立つことができます。

これは私の娘の話です。ある日、「スマホに電話がかかってきても呼び出し音が鳴らない」と困惑する私の父から相談を受けたという彼女は、「音声がオフになっているだけだよと教えてあげたら、おじいちゃんが褒めてくれた」と嬉しそうに語り聞かせてくれました。

誰しも人の役に立つのは嬉しいものです。**思い切って若い人に甘えてみたらいかがでしょうか？** そのときに「ありがとう、助かった」と少し大袈裟なくらいに伝えることが、さらなるコミュニケーションへとつながっていくのです。

若い人に何かを尋ねたときに疎ましがられてしまうようなら、日頃の言動を顧みる必要があるかもしれません。

若い人達に対して高圧的な態度をとっていたり、若い人の力を認めず張り合ったり、頑固であったりすれば、困ったときに手を差し伸べてもらえなくても文句は言えないのではないでしょうか？

相談する人がいないとき

大変失礼ながら「今頃になってそれを言いますか?」というのが率直なところです。現役中は余程にお忙しかったのでしょうか? それとも一人で生きていけると思っておられたのでしょうか? はたまた社会の中で友を持たなかったのか、ご家族との関係性を蔑ろにしておられたのか、人間関係は煩わしいからと人との関わり合いを避けてこられたのか……。

人に親切にした人の老後は人に恵まれ、さみしさを感じることはありません。逆に人との調和を無視して生きてきた人の老後はひとりぼっちになってしまいがちなのです。

けれど今からでも遅くはありません。この際、妙な意地やプライドは投げ捨て、恥をかくことを恐れず、周囲の人に相談を持ち掛けてみましょう。あくまでも低姿勢で。そして、相談に乗ってもらった暁には、感謝の気持ちを伝えることを忘れないようにしてください。

世代交代が受け入れられないとき

これまでのところで人は関わる相手によって役割が違うという「縁起」の話をしました。あなたがお母さんだとして、3歳の子どもの母親であるあなたの役割と、成人した子どもの母親であるあなたの役割は違います。

子どもが小さな頃は常識やマナーを教えるのが役目でしたが、成人した息子に対しては黙って見守るのが役割。老いては子に従えと言いますが、息子が中年を迎えたら子どもの意見に耳を傾けるのが役割となってきます。

最近になって私はご高齢の檀家さんから「息子が運転免許を返上しろというので喧嘩になった」という話を聞きました。

「免許は必要ですか?」と尋ねると、「車がないとどこにもいけない」とおっしゃいます。そこで「自家用車の維持費を考えたら、タクシーを使ったほうが安くはないですか？」と訊くと「それはそうだが、息子から偉そうに指図されることが耐えられない」と本音が飛び出しました。

気持ちはわからなくもありませんが、妙な意地を張っているうちに事故でも起こし、あのとき、息子の言うことを聞いておけばよかったと思っても後の祭り。家族に心配をかけないことが高齢者の役割なのではないでしょうか。

こんな話もあります。知り合いの50代の女性は、同居するお母さんとの「言った！」「聞いてない！」というバトルが絶えず、大きなストレスを抱えていたのだとか。

ところがある日、テレビも大音量だし、玄関のチャイムが鳴っても出てくれないしと独り言をつぶやきながら、「お母さんは耳が遠くなっているのか！」と気づいたと。そこでお母さんに「補聴器を作りに行こう」と提案したところ、「なんて失礼なことを言うの！　それは虐待だ」とキレられてしまったそうです。

すっかり困惑した女性が妹さんや弟さんに助けを求め、3人がかりで説得をしたところ、お母さんは補聴器をつけることを渋々承諾。

けれどその結果、これまで聞こえていなかったことを認めるに至ったといいます。今では「言った！」「聞いてない！」のバトルはなくなり、会話も格段に増えたとのことでした。

頑固でいると孤独になります。けれど**柔軟に対応すれば孤独でなくなる**のです。

周囲の人に迷惑をかけたくないとき

私達は「人に迷惑をかけてはいけない」と言われて育てられますが、仏教の考え方はちょっと違います。お釈迦様は「人は他人に迷惑をかけずに生きていけない存在である」と説いておられるのです。

生きるときも死ぬときもひとりには違いないのですが、生まれた瞬間からオシメを替えてもらったり、夜中にミルクを与えてもらったり。死んだ後も火葬場へ運んでもらったり、お葬式をあげてもらったりと迷惑をかけています。「私」が電車やバスの椅子に腰かければ誰かが座れなくなる。「私」が就職試験に合格すれば誰かが入社できない。それと意識していなくても、私達は迷惑をかけたり、かけられたりしながら生きているのです。

ですから老後になって突然「誰にも迷惑をかけたくない」などと言い出すのは反則。それればかりか、誰にも迷惑をかけたくないという理由から、同居しようという息子の誘いを断ったり、デイサービスには行かないなどと言い張ったりすれば、それこそ周囲の人達に迷惑をかけてしまうかもしれません。

年を重ねると誰だって身体機能は衰えます。病気がちにもなります。そのときに息子さんや娘さんなど近しい人達は、この人には迷惑をかけたのだからお世話をして恩返しをしたいと思うわけです。どうか快諾して、気持ちよく恩返しをさせてあげてください。

他者に迷惑をかけまいと生きている人は、他者に迷惑をかける人に対して厳しくなってしまいがちですが、お釈迦様は「自分も他者に迷惑をかけているのだから、お互い様だ」と諭されています。

先日、知り合った50代の女性は完全主義者の潔癖症で、若い頃はだらしのない人を許すことができなかったそうです。

けれどある日、スーパーで買ったものを車の後部座席に置き忘れて、家族に「どうしたの?」と呆れられてしまったのを機に人のだらしなさを許せるようになったと話してくれました。年齢を重ねて物忘れが酷くなってきましたと苦笑しておられましたが、人に優しくなれたのだから年をとるのも悪くない、と話は続きます。

今でも他者に対して苛立ちを覚えることがあるそうですが、そんなときは「私だって同じだ」と考えるようにしているとのこと。そのことによって自分自身が楽になったと話していたのが印象的でした。

この女性のようにネガティブな感情を客観的にみつめ、グッと抑えるというのは生きていくための知恵。このことを仏教では「忍辱《にんにく》」と言います。「六波羅蜜《ろくはらみつ》」に記されている彼岸に至るまでの6つの心得の中のひとつで、思うようにならずイライラしたり、ハラハラしたり、オロオロしたりする自分のネガティブな感情を抑えなさいという教えです。そのことによって人は精神的な成長を遂げます。

そこで、たとえば介護をしてもらうにしても、**愛する人に迷惑をかけるのは嫌だと考えるのではなく、愛する人だからこそ精神修行のチャンスを与えてあげるというくらいの気持ちで堂々と。** ただし若い人から愛されるチャーミングな自分を心がけてください。

そうして「ありがとう」「ご迷惑をおかけします」と言いながら穏やかな老後を送っていただきたいと思います。

認知症になったとき

家族に迷惑をかけたくないということについては、前のところでお伝えしましたが、認知症に関してはもうひとつ、自分が自分でなくなるのが怖いということがあるのではないかと思います。

けれど認知症になったら自分のことはわからなくなりますので、心配しなくても大丈夫です。認知症というのは「意識の死」。死んでしまったあとのことは何も心配することはありません。問題は死ぬ前。つまり**意識があるうちに、きちんと生きる**ことが大切なのです。

人に親切にすることもそうですが、ご高齢の方に私がお伝えしたいのは、自分が死んだ後、どうしてほしいのかについてご家族に話しておく、あるいはエンディングノートに記しておくということです。

ただし、揉め事になりそうなことや、遺族が決めかねて困惑してしまうことに関してのみ。重要事項以外は、遺族の「故人にこうしてあげたい」という優しさに委ねてはいかがでしょうか。

お檀家さんの中に「母は葬儀のときに飾る花の種類や色まで指定して亡くなりました。そんなことは言われなくてもわかっていたのに、信頼されていなかったのかもしれませんね」といったことを話される方が少なくありません。


いずれにしても「死」について考えるのは怖いかもしれませんが、たとえば怖い怖いといって病院に行かなかったらもっと怖い目に遭ってしまいます。自分の「死」と向き合うのも同じで、自分の死後、どうしてほしいのかについて考え、家族に意思を託しておけば、すがすがしい気持ちで最期を迎えることができます。

人間のあらゆる苦悩や心の葛藤が消え、穏やかな心持ちになることを仏教では「涅槃《ねはん》」と言いますが、涅槃に至るための準備を整えながら過ごすことが真の終活なのです。

昔は良かったと思ってしまうとき

昔のことを懐かしく思い出すというのは素敵なことだと思います。けれど昔の自分と今の自分を比べて悲観に暮れるというのは「大人の未熟」の典型的なパターンだといえるでしょう。

なぜ昔は良かったと思うのですか？　元気だったから？　バリバリとお金を稼ぐことができたから？　モテモテだったから？　希望があったからでしょうか？

私に言わせれば、帰りたくなるような過去がある人は幸せですねということになります。あなたはもう十分に満ち足りた経験をしました。

古代のインドにはバラモン教という宗教観があり、バラモン教では人生を4つの時期に分けていました。

学生期《がくしょうき》　親の庇護のもと、学生として勉強をする時期。

家住期《かじゅうき》　家庭を持って子どもを育てる時期。

林住期《りんじゅうき》　世間から離れて隠遁《いんとん》生活をして心を修養する時期。
遊行期《ゆぎょうき》　持ち物を減らして楽になる時期。
そうして最後は所有するものを全部失くして死を迎えるというふうに人生を捉えています。
たとえば子どもを持った、家を持った、財産を持った、地位や名誉を手に入れたとしましょう。とても充実している。けれどその喜びは手に入れたものを失うのではないかという心配や不安とセットになっています。心配や不安を抱えたままでは涅槃にはたどり着くことができません。
ですから**年をとったら引き算をして身軽になることを心がけましょう。**そうして「死」という究極的な安楽の世界に近づいていく。これが**理想的な老い方であり、孤独感と上手につきあう術にも通じている**と思います。

第三章

おひとり様のさみしさとうまくやる

執着《しゅうじゃく》を手放す

「おひとり様」という言葉を耳にするようになって久しいのですが、それだけ独り身の人が多いということでしょう。おひとり様仕様の飲食店や、おひとり様専用のカラオケ店もあり、おひとり様市場はますます拡大の傾向にあるようです。

おひとり様のメリットは自由で気兼ねのいらないこと。ところが有意義なおひとり様ライフを送る人がいる一方で、私のもとには次々と「周囲の友人はみんな結婚してお母さんになりました。なぜ私は結婚できないのでしょうか?」「私は一生、おひとり様として生きていかなければならないのでしょうか?」といったお便りが届きます。

おひとり様ライフを満喫する人と、そうでない人の違いは何なのでしょうか？

私は前者が自らの人生の流れに沿って暮らしているのに対して、後者はアレも欲しい、コレも欲しいと欲張りなのだと捉えています。

結婚したいと願うことはいけないことなのですか？という抗議の声が聞こえてきそうですが、そんなことは言っていません。ただ、結婚だけが幸せではないということに気づいていただきたいのです。


ひとつのことに囚《とら》われる、あるいは拘《こだわ》ることを仏教では「執着」と言います。

お釈迦様は「どんな苦しみが生ずるのでも、すべて執着に縁《よ》って起こるものである」というお言葉を残されています。「儘《まま》ならないこと」に対して、「こうあって欲しい」と望む執着心こそが苦しみの原因なのだと。

このことを踏まえたうえで、「なぜ自分は結婚できないのか」と孤独感を募らせている方に対して私がお伝えしたいのは、「ちゃんと生きてください」というもの。

ちゃんと生きるというのは「正しく生きる」という意味です。もっといえば知恵を持って生きるということ。自分が心穏やかに暮らすために、自分の心をコントロールする術を持つということです。

あなたの生きる目的は幸せになることであって、結婚することではないはず。結婚しても離婚する人がいることを思えば、結婚=幸せとはいえません。

それなのになぜ、あなたは結婚に執着するのですか？　世間体でしょうか？　誰かに対する意地でしょうか？　親を安心させるため？　それとも誰かを頼って生きていきたいという依存心によるものでしょうか？

いずれにしても**執着を手放した人から幸せになれる**のです。

ただし、執着を手放すことに執着しては元の木阿弥。内観を通して執着する自分を認め、それは仕方がないことだと許すことから始めてください。

そのうえで「ほんとうに自分は結婚したいのか？」「それはなぜ？」と自問自答を繰り返し、自分にとっての幸せを明確にしていきましょう。

執着を手放した人から
幸せになれるのです。

慌てなくても大丈夫。**執着は少しずつ手放していけばよい**のです。

孤独なのは自分だけではない

人間は生まれるときもひとり、死ぬときもひとりです。

『大無量寿経《だいむりょうじゅきょう》』というお経に「独生独死《どくしょうどくし》　独去独来《どっこどくらい》」（独り生まれ、独り死す、独り来たりて、独り去る）と説かれています。

それに、今は配偶者と暮らす人も、いつかおひとり様になる日が来ます。

こうした現実をみつめたときに断言できるのは、**基本的に誰もが孤独**なのだということ。あなたが「なぜ自分だけ孤独なのだろう？」などと感じていたとしたら、それは錯覚に過ぎません。

「自分だけが」と考える人は被害妄想が強いと言えそうですが、それ以前に自我が強いのです。

自我の本質というのは、宇宙の中で自分という存在だけを最優先的に取り出して特別視するというもの。多くの人が恋愛や結婚に執着するのは、恋愛や結婚が自我をくすぐる特質を持っているからだと思います。

第一章の「今日の私は昨日の私ではない」でお伝えしたように、お釈迦様が説かれた「諸行無常」の一環として、絶対固定した「私」など存在しません。

それなのにもかかわらず、「これが私です」と他者に提示し、私を好きになってください、私だけを見てほしいと望み、「わかりました」という人が現れれば、自我は非常に大きな喜びを感じるわけです。

誤解のないようにお伝えしておきたいのですが、お釈迦様は自我を否定しているわけではありません。そのことは7つの要素を備えなさいという意味の「七具足」

という教えの中に、「我具足」として示されていることからもわかります。

善友性《ぜんゆうしょう》　善き友を持つ
戒具足《かいぐそく》　善き行いをする
志欲具足《しゆうぐそく》　やる気や向上心を持つ
我具足《がぐそく》　自己を開発する
見具足《けんぐそく》　現実をありのままに見る
不放逸具足《ふほういつぐそく》　怠けない心を持つ
如理作意具足《にょりさいぐそく》　賢明さを備える

とはいえ過ぎたるは猶及ばざるが如し。地球上の77億人の中で「私だけ」と自分を特別視するのは傲慢だとするのがお釈迦様の考え方です。

『修証義《しゅしょうぎ》』というお経の中に「同事《どうじ》」という項目があります。「同事」とはたくさんの人との関わりの中で調和して生きていくための秘訣のひとつ。

お釈迦様は心の平安を得たければ、他者と自分の区別をしないことだと説いておられるのです。

そこで「私だけが結婚できない」「私だけが孤独だ」という迷路にハマっている人におすすめしたいのが、「私は特別な存在ではない」と自分に言い聞かせること。

そうすることで、**「私だけが」というこの上もなくネガティブな錯覚を手放す**ことができるでしょう。

さみしさは自分自身が引き寄せている

おひとり様であること=孤独でさみしい、ではありません。

友達が欲しい、恋愛相手が欲しい、結婚して家族を持ちたいと切願している人の話をよくよく聞いてみたら、孤独から抜け出すための手段として他者とのつながりを必要としているだけで、本来の自分はひとりのほうが心地いいかもしれないなどと言い出すことも珍しくないのです。

ほんとうにひとりでいるのがつらいなら、出会いを求めて飲み会に参加するとか、学校や職場で自分から話しかけるとかすればよいのに、「出会いがないんです」と悩んでいる人に限って受け身。

つまりそれほど出会いを強く願っているわけではないというか、ほんとうは自室にこもってスナック菓子なんかを食べながら、ゲームをしたり、映画鑑賞をしたりしていたいのでしょう。

ひとりでいたいという気配を発しているから人が寄ってこないのだということも考えられます。

実のところ、人間関係におけるさみしさを抱くのは自分が心を閉ざしているからなのです。人が孤独を感じるのは、「どうせ自分なんて」と自分のことを卑下した

さみしさを抱くのは
自分が心を
閉ざしているから。

り、「どうせ誰も自分のことを理解してくれない」と不貞腐れているときだと相場が決まっています。

つまり**さみしさを引き寄せているのは自分自身**だということ。

そうとわかれば心の扉を開き、外へ飛び出していくしかありません。能動的に生きなければ人生を切り拓くことはできないのです。

とはいえ、**心を閉ざし、孤独の中にいた時間も無駄ではない**と私は思います。自分を責めることはありません。

むしろ、大事なことに気づけた自分を「偉い！」と褒めてあげていい。モチベーションが上がれば、嫌でも積極的になるのです。

孤独だった記憶を上書きする

自分で人生を切り拓いていこうという気骨に欠ける人がいます。それでいて幸せになりたいというのは他力本願というもの。しかも受け身な人というのは依存心が強いので、相手から少しでも傷つく言葉を投げかけられたり、価値観の違いから喧嘩になったりすると、孤独感を募らせてしまいがちです。俗にいう**「心をこじらせている状態」**だといえるでしょう。

第一章の「今日の私は昨日の私ではない」のところで「五蘊《ごうん》」についてお伝えしました。

お釈迦様は私達の肉体と精神を「色・受・想・行・識」という5つの集まりに分けて示しています。

たとえば目の前にいるのがフワフワの可愛い子犬だと察すれば寄っていくというのが「行い」という意味の「行」。「識」は「行」に至るまでの体験が記憶となり、思考となってその人の中に蓄積されることを意味します。

フワフワで可愛い子犬だと思って頭を撫でようとしたらガブリと噛みつかれてしまったと。その場合、その人の中で小さくても犬は怖いという思いが固定されてしまう。

このことを心理学の世界ではトラウマ（心的外傷）と言います。

孤独だと嘆くおひとり様には、失恋をした、親が離婚している、親に虐待されたといった過去のトラウマを抱えているケースが珍しくありません。

それがゆえに人間不信であるとか、人間関係に自信がないとか。つまり、二度と孤独な体験をしたくないと自分を防御する力が働いて、二進《にっち》も三進《さっち》もいかない状態に陥ってしまうのです。

けれど過去は過去。大切なのは今です。お釈迦様はこう説いておられます。

過去を追うな
未来を願うな
過去はすでに捨てられた
未来はまだやって来ない
だから現在のことがらを
現在においてよく観察し
揺らぐことなく動ずることなく
よく見極めて実践すべし
ただ今日なすべきことを熱心になせ
誰か明日の死のあることを知らん

また諸行無常（万物は常に変化している）を説いたお釈迦様は、変化していく過程の中で遭遇する人や事象に対して、**その都度、そのときのありのままの素直な自分で対応すればよい**と諭してくださっています。

これは、なにもかもが常に変化しているのだから、次に同じことをしても違う結果になる可能性が高いということ。

たとえば前の会社で人間関係がうまくいかなかったとしても、転職先では人間関係に恵まれるかもしれません。

うまくいかないことには理由があると捉え、要因を分析して、転職先では反省点を活かすといった努力は必要ですが、人生の好転は、とにかくやってみるという気合で引き寄せるもの。

勇気さえあれば、記憶を上書きし、まっすぐに歩んでいくことができるのです。

幸せになるのはどんな人

「禅語」のひとつに「知足《ちそく》」という言葉があります。「足るを知る」とは身のほどをわきまえることであり、分相応に生きなさいという教えが込められています。

分相応に、だなんて夢も希望もないと感じる人がいるかもしれませんが、人にはそれぞれに「器」というものがあるのです。

大きければいいというものではなく、大切なのは**自分の器にふさわしい人生について熟考することであり、今の幸せに感謝しながら精一杯に生きる**ことです。

なぜこんな話をしたかというと、失礼ながら、結婚を望むおひとり様の中に、足るを知らない人が少なからずいるように思うからなのです。

私のもとへ届くお悩み相談にしても、年齢や容姿や年収といった相手に対する条件ばかりが先だって、自分の器を忘れておられるケースが目立ちます。

これでは仮に理想通りの人が現れたとしてもフラれてしまう可能性が高いでしょう。恋が成就したとしても、ずっと背伸びしたまま歩み続けるというのは苦しみでしかありません。

やはり分相応な相手を選ぶのが一番なのです。

ところが人間というのは愚かな生き物で、ついつい自分の器を無視して、もっともっとと欲張ってしまいがちです。

欲望がないと向上心もやる気も生まれないので、欲を持つのはよいのです。けれどガツガツするのはいけません。

禅語にある「平常心《へいじょうしん》」（どんなときも心穏やかに淡々と暮らすこと）を実践することが大切。

まずは他者から何かを与えてもらいたいという欲を捨てましょう。そのうえで、心をケチらず、どんな人にでも親切に接して縁を回す。

これこそが仏教が説く幸せの法則なのです。

不安と孤独を混同しない

将来の不安と現状の孤独を混同している人もいます。

何年か前に「2000万円問題」というのがありました。すると「老後は年金以外に2000万円の蓄えがないと路頭に迷うらしい」と不安を覚える人がいて、私のところへ寄せられる相談内容も、「おひとり様の自分には協力して支え合うパートナーがいません。どうしたものでしょうか?」といったものが増えました。

動揺する気持ちは理解できますが、それにしてもその他力本願ぶりに私は少し驚いてしまい……。

それに短絡的過ぎます。パートナーがいれば支え合っていけるという保障などどこにもありません。

そもそも**不安であることと、孤独であることは別問題**。

不安があるなら、生活を縮小して貯金に励むなど自力で解消しようと考える。孤独が嫌なら、どんな人に対しても「この人こそが運命の人かもしれない」というくらいの気持ちで接する。いずれにしても自分の人生は自分で切り拓くという覚悟が必要なのです。

覚悟のある人は覚悟に欠けたあなたを選びませんし、覚悟のない人同士が結びついたところで生活が破綻するのは目に見えています。

ですから孤独だとボヤいている時間があるのなら、内観を通して自立心を備えましょう。「自分のことは自分で」と考えるふたりが結ばれれば、支え合うこともできるはず。相互依存（自立している者同士が尊重し合い、協力し合う関係）を目指しましょう。

実は**ひとりで生きていけるようにすることが、孤独から脱出するための一番の近道**なのです。

瞑想で孤独のさみしさから逃れる

自分に目的がないと自我意識が強くなる。そして自我意識が強くなると孤独感が強くなるといわれています。

つまり**孤独のさみしさから逃れるためには、人生の目的を掲げ、それに向かって**

精神性を高めていく必要があるのです。

人生の目的がみつかれば苦労はいらないと思う人がいるかもしれませんが、夢中になれることなら何だってていいのです。

花を育てようでもいいし、お料理を作ろうというのでもいいと思います。ただし、注意点があります。

たとえば時間をかけて丁寧にビーフシチューを作ったとしましょう。美味しくできたからといって、家族に褒められたいと望んではいけません。なぜなら褒められたいという気持ちの源にあるのは強烈な「自我」だからです。

これでは元の木阿弥。

家族から「おいしい」「ありがとう」「すごいね」といった賛辞がなかった場合には落胆し、虚しさを抱いてしまうでしょう。

もしもあなたが日常生活の中で家族に対して「こんなに頑張ったのに」「こんなに一所懸命やったのに」などと思ったり、言葉にしたりしているとしたら、「家族のために」という気持ちより「自分の働きを認められたい」という気持ちのほうが勝っています。

「自分が自分が」という自我が強いのです。


自我はエゴとも呼ばれますが、放っておくと独りよがりな思考が増幅していってしまいます。

たとえば望みどおりに結婚できたとしても、もっとパートナーに優しくされたい、もっと贅沢な暮らしがしたい、子どもを有名校に入れて虚栄心を満たしたい、もっともっともっとと望んでしまうのです。

こうした感情の正体を仏教では、「煩悩」と言います。

煩悩があると心の平安を迎えることができません。ところが近代社会は人の煩悩を刺激し、煽り立てることで成立しているため、煩悩を封じることは極めて難しいのです。

それではどうしたら煩悩を抑えることができるのでしょうか？

お釈迦様が実践なさっていたのは「瞑想」です。煩悩に限らず**感情を抑えるためには、その時々の自分の心を監視する必要があるのです。さみしいという感情を抑える場合も同じこと**です。

仏教では、

・心の中で思うこと

・話すこと

・行うこと

が連動していると捉えています。

だから心を整える。できれば毎日、5分でいいので瞑想することをおすすめします。

もっともっとと望んでいる自分をみつけたら、「感情を捨てて、それがほんとうに必要か冷静に考えてみよう」と自分に語りかけてみてください。

さみしいという感情をみつけたら、「感情を捨てて、自分はどんな人生を求めているのか冷静に考えてみよう」と自分に語りかけてみてください。

これを繰り返すうちに言動が変わってくる。

するとつきあう人が変わってきます。それは人生が好転することを意味します。

瞑想といっても大袈裟に考えず、肩の力を抜いて、軽く目を瞑り、まずは深呼吸。そこから静かに自分の心を観察していきます。

最初はうまくいかないかもしれませんが、毎日続けることでコツを掴むことができるでしょう。

幸せになりたいのなら自分の心から余計な感情を取り払い、心の風通しを良くすること。そのための瞑想です。

第四章

集団の中でのさみしさを感じたとき

人とうまく交流するためのコツ

集団生活が苦手だと言う人がいます。

不思議なことではありません。ほんとうは誰だって気の合う人とだけつきあっていたいのです。でも社会の中で生きていくとなるとそうもいかない。それがわかっているからこそ集団生活が苦手な人は「このままではマズイ」、とはいえ「どうしたらいいのかわからない！」と焦りや苛立ちを覚えるのでしょう。

私は集団生活が苦手だという人の特徴として真面目で律儀であるということが挙げられると思います。一方、社交的な人は、いい意味で適当。言い方を変えれば距離感を保って人とつきあうことが、人とうまく交流するためのコツであり、社交的な人はそのことを知っているのです。

学校や職場やママ友とのつきあいなど、大勢の人と同時進行でつきあっていく場合、一人ひとりと深く関わるのは不可能。「あちらを立てれば、こちらが立たず」といった問題にぶち当たった挙句に「あなたは優柔不断だ」などと責められることにもなりかねず、心が擦り切れてしまうでしょう。

人とつきあうこと＝仲良くなることではありません。打ち解けた関係性を構築する必要はなく、**その人との関係性における自分の役割をしっかりとこなせばよい**のです。たとえば職場の人達との関係性においては懸命に仕事に取り組む、ママ友達との関係性においては子どものために有益な情報交換に徹するといった具合に。

ただし、ドライに捉えればよいというものではなく、押さえておきたいポイントがあります。それは、

・誰にでもどこへ行っても朗らかに**挨拶**をすること。

・自分にも相手にも**ストレスにならない**（無理しない、させない）**つきあい**をすること。

・相手の話を真剣に聞くなど、**誠意**ある対応をすること。

・**笑顔**を絶やさないこと。

・**自分軸**を確立していること。

自分軸を確立するというのは、自分にとって何が一番大切なことなのかがわかっているということ。お釈迦様は、「人生における悩み、不安は、すべて『無明《むみょう》』から始まっている」と説いておられます。「無明」とは真理が明らかになっていないことです。

たとえば職場へ行くのは仕事をするためであって、友達を作るためではありません。目的は食べていくことであるはず。自分が食べていくためなのですから、集団生活が苦手だなどと言っている場合ではないのです。

厳しいことを言いますが、集団生活が苦手だとボヤくのは甘え。怖がらずに飛び込めば、孤独は自分の努力不足が引き寄せた現実だったと気づくことでしょう。

なぜ人とつきあうのが怖いのか

除夜の鐘は108回、煩悩の数だけ鳴らします。

その中でも特に私達を苦しめるとされているのが、仏教で「心の三毒」と呼ばれている「貪《とん》・瞋《じん》・痴《ち》」。

貪とは、欲望に翻弄され、際限なくむさぼること。

瞋とは、感情に飲まれ、怒ったり、恨んだり、妬んだりすること。

痴とは、無知であるということ。

いわば「貪・瞋・痴」は、人が自分の意志でコントロールすることが難しい煩悩ベストスリー。それだけに世の中に蔓延しているといえるわけです。考えただけで恐ろしいですね。「人とつきあうのが怖い」という人の気持ちもわかります。

けれど、どんな人と遭遇するのも必然だと私は思うのです。

たとえばダメ出しばかりする上司がいたとしましょう。すると、なぜこんな嫌な上司の下で働かなければいけないのか？という不満が湧いてきます。そう思うのは当然なのですが、不満を抱いたところで埒《らち》が明きません。かといって抗議などすれば、ますます自分への風当たりが強くなってしまうでしょう。

ではどうすればいいかというと、**感謝すること**です。

仏教には「三界に師あり」という言葉があります。三界とは欲界《よっかい》・色界《しきかい》・無色界《むしきかい》のこと。ここでは、**「この世には嫌なことを言う人もいるけれど、そうしたことに遭遇するのにも意味がある」**と解釈してください。

耳の痛いことを言う上司がいたとして、不満を抱くだけで終わらせず、得することをみつけようという視点を持って上司と対峙すれば、何かしらみつけることができるはず。「忍耐力を養ってくれてありがとう！」とか、「世の中、いろんな人がいると教えてくれてありがとう！」とか。

そもそもダメ出しされてショックを受けるのは、自分に驕《おご》りがあるからかもしれません。そうであるとしたら、自分の価値観がすべてだと思っていないか心の点検をしてみる必要があるでしょう。

いずれにしても、嫌いな人や苦手な人など自分にとって都合の悪い人は、これからを生きるうえで大切なことを教えてくれる先生。そう思えば受け入れることができるのではないでしょうか。

こんな風に自分なりの考え方を持つことによって自分の核を備えることができます。実のところ、人と関わるのが怖いのは自分に核となるものがないからなのです。

ちなみに私は開国の時期と鎖国の時期を作ることにしています。開国の時期はスタッフと共になすべきことに取り組みますが、鎖国の時期にはスケジュールを調整してひとりの時間を作り、蓄積したモヤモヤやイライラと向き合いながら心を整理するのです。

鎖国の時期は孤独ですが、孤独でないと心の整理はできません。**孤独な時間は自分の核を構築するために与えられた感謝すべき時間**です。

期せずして迎えた孤独な時間もさみしさに翻弄されている場合ではありません。自分のことを考える時間を与えられたのだと受け止め、どうぞ無駄にしないでください。

集団の中で虐《いじ》められたとき

私のもとには虐めを受けているというお悩みが老若男女を問わず、数多く寄せられます。学校で、職場で、老人ホームで……。誰も口を聞いてくれない、無視され続ける、変人扱いをされるといったことで傷つき、その集団にいたくないと思い悩む人が後を絶ちません。

まずお伝えしておきたいのは、幸せな人は決して他者を虐めたりはしないということ。他者を虐めようなどと考える人は、「自分は不幸です」と言っているようなものでお気の毒な人なのです。

お釈迦様の教えが記された『ダンマパダ』という経典に、こんな言葉があります。

「汚れのない人、罪のない人、清らかな人を害《そこな》えば
その愚者にこそ悪は戻る
逆風に投げた微塵のごとく」

虐めをする人というのは、向かい風に対してゴミを投げつけているようなもので、必ず自分に戻ってきてしまうという意味です。

とはいえ問題は、虐めを受けている現状からどうすれば脱却できるのか?ということだと思います。ここでは「**慈悲の瞑想**」をおすすめします。目を閉じて、心の中でこれからご紹介する4つのフレーズを繰り返し唱えてください。

1　私の嫌いな人々、私を嫌っている人々が、幸せでありますように。
2　私の嫌いな人々、私を嫌っている人々の、悩み苦しみがなくなりますように。
3　私の嫌いな人々、私を嫌っている人々の、願いごとが叶えられますように。
4　私の嫌いな人々、私を嫌っている人々に、悟りの光が現れますように。

自分のことを傷つける人に対して、許せない、いつかギャフンと言わせてやりたいという想いを抱くのは普通のことです。でも恨みに対して恨みを持って対処すれば、一番傷つくのは自分。

なぜなら、その恨みはこの世に働く「原因と結果の法則」によって再び自分に戻ってきてしまうからです。

もう耐えられないというのであれば、その集団から抜けてください。学校で虐められて自死といった報道を受けるたびに私が思うのは、**命を失ってまで行き続けなければいけない場所などない**ということです。逃げてはいけないと頑張ってしまう人もいますが、むしろ執拗な虐めからは逃げるべきだと思います。一旦、避難して、新天地を求めて再起動すればよいのです。

ただし、自分が虐められる理由について考え、改善すべき点があれば改善しなければ、どこへ行っても虐めに遭うといったことにならないとも限りません。人間が持つ煩悩の中に「懈怠《けたい》」というものがあります。するべきことを怠れば、その報いが戻ってくる。これもまた自然の摂理なのです。

自分の居場所は自分で作る

人は誰しも自分のことが可愛いものです。それは「自分好き」であるとか「ナルシスト」といった意味ではなく、もっと本能的なもの。

お釈迦様の言葉の中に「自己を愛しいものと知るならば、自己をよく守れ」というものがあり、自己は愛しいものだという前提で教えを説いておられます。「自分のことが大切であるのなら、自分のことは自分でしなさい」という意味です。

自分にはどこにも居場所がないとさみしさを抱く人がいます。

どこへ行っても友達ができない、どこへ行っても疎外感を感じる、どこへ行ってもみんなに馴染むことができずに浮いてしまうなどさまざまな人がいますが、そういう方に伺いたいことがあります。それは「もしかするとあなたは、お客様気分でいるのではありませんか?」というもの。

職場などで「よくいらっしゃいました!」と歓迎を受け、同僚や上司が「お名前を教えていただけますか?」「どういうことが得意なのですか?」などと訊いてくれることを期待していたとしたら、そして、その期待が裏切られたのを受けて自分には居場所がないと嘆いているのだとしたら、あまりにも幼いと言わざるを得ません。

挨拶も自己紹介も自分から。評価されたいと思うなら行動で示さなければ、誰もお膳立てはしてくれないのです。

希望を叶えるためには自我を捨てる必要があります。

たとえばあなたの胸に美しい蝶々が止まっていたとして、少しでも長くいてほしいと思ったら、あなたは動かないようにするでしょう。動きたいという自分の意志を殺して、我慢するのではありませんか？

同様に、コミュニケーションが苦手だったとしても、ぐっと我慢して輪の中に飛び込まなくてはいけません。**自分の居場所は自分で作るものなのです。**

孤独とつきあう練習

この世に孤独でない人はいません。ただし、孤独に弱い人と孤独に強い人がいるように思うのです。

孤独に弱い人はさみしい病にかかりやすく、放置しておくと年を重ねるごとに重症化していきます。さみしさは喉の渇きと同じで、ひとたび覚えると抑えることはできません。しかもさみしさを誤魔化そうと他に刺激を求めても、もっともっととエスカレートしてしまう。アルコール依存、ギャンブル依存、買い物依存、恋愛依存、性依存などは、さみしさが原因だと言われています。

重症なさみしい病は誰でも陥る心の病気です。さみしさに心を占領されて人生をダメにしてしまわぬうちに、**「孤独とつきあう練習」**を始める必要があるのです。

かく言う私も基本的にさみしがりで、中でも恋愛に悩んでいた学生時代のことが忘れられません。

日中は学校へ行ったり、アルバイトしたりとすることがあるのでさみしさを紛らわすことができるのですが、布団の中に入った途端に一気にさみしさが押し寄せてくる。なぜ破局を迎えたのか、彼女はどうしているのか、どうにかして修復することはできないものか、などとグルグルと考えているうちに頭がめっぽう冴えてきて眠れなくなってしまう。飲めないお酒を無理やり飲んで眠りにつき、翌日に悪影響を及ぼし、自分は何をしているのかと自己嫌悪に陥ったりしたものです。

けれどやがて、彼女や彼女と過ごした日々に対する執着を手放すことができました。成功の秘訣は睡眠にあり。そのときに、「人間、きちんと眠ってさえいればどうにかなる」ということを学習しました。

私は**睡眠ほど私達の心や体を救ってくれるものはない**と思っています。失恋した、仲間外れにされた、大きな失敗をしてしまった、自分が余命宣告を受けたときや、愛する人の死という俄《にわ》かには受け入れがたい事態に遭遇したときも。

仏教に「涅槃《ねはん》」という言葉があります。

涅槃というのは人間が、自分を苦しめていた怒りや妬みや恨み、そしてさまざまな不安や欲望から解放され、一切の憂いのない穏やかな心持ちに至る状態のこと。

私はお寺の子なので、幼い頃から涅槃とは厳しい修行を経て悟りをひらいた人が至ることのできる境地のことだと知っていました。けれど失恋を機に修行を積んでいなくても涅槃へ行くことができることを知ったのです。

睡眠は、苦しみ、悲しみ、不安、後悔といった負の感情に傷ついた私達の心を癒し、涅槃へと導いてくれるのだと。

睡眠は小さな死です。意識を眠らせることによって苦しみから離れ、肉体的な疲労とともに精神的な疲労を癒すことができる。睡眠中に脳の中に分泌されるホルモンの作用によって、心身ともに修復され、免疫力をも伴って復活することができるのです。私達は睡眠を経て朝を迎えるたびに生まれ変わっているといえるのです。

睡眠をとるために必要なのは、日中は太陽の光を浴び、これ以上は動けないというほど体を動かし、余計なことは1ミリも考えないというほど目の前のことに集中すること。その結果、体と頭がクタクタになれば、自然とバタンキューの状態を迎えます。そうして朝が来て目覚めたときには思考が整理されている。これは理屈で睡眠は小さな死です。

はなく、命の不思議。このような奇跡的な恵みを私達は与えられているのです。

それまで心の90パーセントを占めていた苦悩が、睡眠をとることによって少しずつ減っていく。このことは私達がさみしさをゴミ箱へとシフトしていく能力を備えていることを意味します。だから大丈夫。そう信じて、夜は眠ることを習慣づけましょう。このことが孤独とつきあう練習につながっていると思います。

第五章

友達がいない
さみしさについて

友達って何ですか？

仏教では祖父母も親も兄弟も配偶者も「友」。この世で出会う人は、血のつながりがあろうとなかろうと、先輩であろうが後輩であろうが、地位やインテリジェンス度、経済力などに関係なく、**どんな人も「友」という認識でおつきあいすることをすすめています。**

すべての人が友を持つことができるというのが仏教の考え方です。

親兄弟や先生は友達ではないでしょう、という声が聞こえてきそうですが、そういう人に「では友達って何ですか？　知り合いとどこが違うんですか？」と尋ねても、うまく答えられないのではないでしょうか。

質問を変えて「あなたが友達に望むことは何ですか?」と尋ねたら、こんな答えが返ってくるのではないかと思います。

何でも打ち明けられること、困ったときには力になってくれること、自分の考えに理解を示してくれること、どこへでも一緒につきあってくれること、いつも味方でいてくれること……。

そうであるとしたら、友達=依存させてくれる人となってしまいます。

いやいや、そんなことはない。なぜなら自分も相手に頼られればいつでも相談に乗るし、無条件で苦悩する心に寄り添うし、とりあえず手を差し伸べますからという人がいるかもしれませんが、それは共依存の関係。互いに傷口をなめ合ったり、闇雲に助け合ったりすることで精神的な成長を妨げ合う不健全な関係性です。

人と人は、互いに自立した者同士が支え合う相互依存の関係でなくてはいけません。自分ひとりで生きていける人でなくては、他者を助けることなどできないのです。

友達は心のよりどころとして大切な存在だと思います。ご縁があってこの世でめぐり合い、さまざまな経験を共にしながら成長を遂げていく。そんな仲間がいれば、人生は何倍も楽しくなるでしょう。

ただし、自分の人生の主役はあくまでも自分。自分が座長を務める舞台の演出は自分ひとりで行うと決めることです。そうでなくては何か都合の悪いことが起きたときに誰かのせいにしてしまうかもしれません。

けれど誰かのせいにしている限りは報われない。人は自分に甘いので、自分の演出が悪かったのかと思えば、「それならしょうがない」と流すことができるのです。

誰にとっても人生は孤独な旅です。困ったときに助けてくれる人はいないと思ったほうがいい。助けてくれないのではなく、助ける術がないといったほうがいいかもしれません。

あなたが離婚問題で悩んでいたとして、周囲の人は話を聞くことはできても、結論を出すことは本人にしかできないのです。

ですから誰かに助けてほしいと望めば、その期待はことごとく裏切られることになります。

すると自分はなんて孤独なのだろうと嘆いてしまいがちですが、それは被害妄想というもの。すべては自立していない自分のせいなのです。

孤独な時間は強く生きるチャンス

孤独がつらくて死んでしまいたい。私のもとには10代、20代の若い世代の人からの切羽詰まったお便りが全国から毎日のように届きます。

「死んでしまいたい」とは穏やかではありませんが、私は「死んでしまいたい」という言葉の裏に「生きたい」という強い思いを感じます。

ほんとうに死んでしまいたいと思う人は、誰かに救いを求めたりはしないものです。

けれど苦しい。その気持ちは痛いほどよくわかります。

ここでは孤独にまつわる私自身の話をしましょう。

あれは修学旅行を控えた小学校6年生のときのことです。

バスの席順を決める段になって、担任の先生が「最後の思い出の旅だから、好きな者同士で座っていいですよ」とおっしゃいました。みんな大喜びで、次々とペアが組まれていきます。

私もクラスで一番仲のいい男友達と隣同士に座れると歓喜して、その子のほうを見たのですが、途端に絶望的な気持ちに襲われてしまいました。

彼が他の子とペアを組んでいたからです。それが私の人生初の孤独体験でした。そのことがきっかけで私は、誰かと深くつきあうのが怖くなってしまいます。傷つくらいならひとりでいるほうがマシだと考えるようになり、表面的には取り繕っていましたが、中学時代も高校時代も心を閉ざしていたのです。

大学時代も友達と楽しくやっているようでいて、その実、どこかでこれ以上踏み込まないとバリアを張っていたようなところがあったような気がします。

今になって当時を振り返り、若いときは一度きりなのだからもっと無邪気に楽しんでおけばよかったと思います。けれど同時に孤独な時間は有意義だったと確信してもいるのです。

あの時間があったからこそ自分と向き合い、自分の長所や短所について把握することができた。どんなに不安でもうろたえることなく自分で向き合い、切り抜ける強さを備えることもできたのだと。

孤独は
人を成長させてくれる。

孤独は人を成長させてくれます。ですから孤独がつらいという若い人達には、**孤独な時間を精神修行を積むチャンスに変えて過ごしてほしい**と思うのです。そして孤独の中で培った強さや知恵を糧として、その後の人生を力強く歩んでください。

善き友をつくる7つの方法

修行者の心がけや具体的な修行内容を解説した『サンユッタ・ニカーヤI　神々との対話』(中村元訳・岩波文庫)には、こんな話が紹介されています。

あるとき、お釈迦様の付き人であるアーナンダがお釈迦様にこう言いました。

「尊師よ！　善き友のあること、善き仲間のいること、善き人々に囲まれていることとは、清浄行の半ばに近いことではありませんか？」

するとお釈迦様は、

「そうではない。善き友を持つこと、善き仲間のいること、善き人々に取り巻かれていることは、清浄行のすべてである」

と返されました。

お釈迦様はアーナンダに、善き友に恵まれたから心を綺麗に保つことができつつあるのではなく、自分の心が綺麗になってきたから善き友に恵まれるようになったのだと諭されたのです。

清浄行とは、善き行いを通して心を綺麗に保つための自己浄化道のことです。これまでのところで、お釈迦様が「私」という存在は「五蘊《ごうん》」といって「色《しき》」「受《じゅ》」「想《そう》」「行《ぎょう》」「識《しき》」という5つの要素の集合体であると説いておられることをお伝えしました。

五蘊のひとつ「受」とは、私達人間が命を営むうえで大切な「六根《ろっこん》」（目、耳、鼻、舌、身、意）を示しますが、この六根が浄化され、常に浄化を保つことによって正しい仏の道へと進むことができるという教えを「六根清浄《ろっこんしょうじょう》」と言います。

お金がなくても、権力がなくても、どんなに若かろうと、年老いていようと、自分の体が不自由であっても、死の床についていようと、私達は「六根清浄」の精神をもって他者に手を差し伸べることができます。

その具体的な方法に「**無財《むざい》の七施《ななせ》**」があります。

1　眼施《がんせ》　他者に暖かく優しい眼差しを向けること
2　和顔施《わがんせ》　他者といつも笑顔で接すること
3　言辞施《ごんじせ》　優しく愛のある言葉がけをすること
4　身施《しんせ》　自分の体を使って他者のために尽くすこと
5　心施《しんせ》　思いやりの心を持つこと

6　床座施《しょうざせ》　居場所や地位、権利などを他者に譲ること
7　房舎施《ぼうしゃせ》　家や部屋を提供すること

コミュニケーションが苦手だという人も、無財の七施を行うことならできるはず。まっすぐな気持ちで他者と接する人の美しさに、美しい気持ちで生きている人は必ず気づきます。

偶然に善い人に囲まれるということはなく、**善い人達とは清き心で引き合う**のです。ですから善き友に囲まれて暮らすためには努力が必要。

今日から「無財の七施」のうちのひとつでもいいので実践してみませんか？類は友を呼ぶという諺のとおり、善い心で生きている人は善き友を招き、悪しき心で生きている人は悪しき友を寄せてしまう。このことを心に刻んでいただきたいと思います。

つきあってはいけない人、是非ともつきあうべき人

仏教ではどんな関係性の人も「友」と定義づけられているとお伝えしました。そのうえで、お釈迦様は「つきあってはいけない4種類の人」と、「是非ともつきあうべき4種類の人」を掲げておられます。

【つきあってはいけない4種類の人】

1 自分の得ばかりを考えている利己主義な人

2 口では立派なことを言うが、行動の伴わない人

3　耳障りの良いことは言うが、その実、誠意に欠けた人
4　酒やギャンブルに溺れるなど、悪影響を及ぼす人

【是非ともつきあうべき4種類の人】

1　落ち込んでいるときに励ましてくれる人
2　どんなときも変わらず共にいてくれる人
3　忌憚のないアドバイスをして正しい方向へと導いてくれる人
4　心から心配してくれる人

心が弱っているとき、欲深くなっているときには悪い友達が寄って来やすいものです。

また、さみしさを埋めるだけのために距離を縮めた関係は脆く、お互いに利用されたという虚しさが残ります。

とはいえ孤独は使いよう。孤独を知らなければ善き友に巡り合えないのも事実なのです。

仏教ではお互いを高め合うことのできる「勝友《しょうゆう》」（優れた友）を持つよう教えていますが、優しく、常識的で、知恵と勇気にあふれた**勝友にふさわしい自分になるためには、孤独の中で自分を磨く必要があります。**

魅力的な人間だからこそ優れた友と引き合うことができるのですから。

人に振り回されない生き方

自分は嫌われているのではないか？

自分はバカにされているのではないか？

自分は必要とされていないのではないか？
自分は邪魔者扱いをされているのではないか？
自分は傲慢だと思われているのではないか？
自分は意地が悪いと思われているのではないか？
自分は見栄っぱりだと思われているのではないか？

挙げていたらキリがありませんが、相談者には他人の評価に翻弄されている人が目立ちます。

他者の目をまったく意識しない人はいませんし、いたとしたら、それはそれで「あの人は空気が読めない」などといったレッテルを張られ、疎んじられてしまうことでしょう。確かに匙加減が難しいところではありますが……。

自分は自分のなすべきことをきちんと行っていると言い切れる人は、他者の評価に惑わされることがありません。自分のなすべきことを行うのに一生懸命で他人の評価を気にしている暇がないからです。

たとえば私のYouTubeのコメント欄には、さまざまなご意見の書き込みがあります。そのほとんどが嬉しい内容ですが、批判的なコメントをいただくことも珍しくないのです。中には「おっしゃる通りだな」と感じるありがたいご忠告もあります。

その一方で、単に私のことが嫌いなのだなと感じるものも。あるいは自己アピールだなと感じるコメントもあります。動画がアップされた瞬間に悪評価がつくということもあるのです。

もちろん私はそのような評価を気にしません。感情的な人達の反応をいちいち気にしていたら、自分の本分を果たすことができなくなってしまうからです。

人の評価に翻弄されて心が疲弊している人は、自分がすべきことをして生きていると言い切る自信がないのではないでしょうか?

自分はすべきことをしているというのなら、**人の評価などどうでもいいではあり**

ませんか。

きちんと生きているあなたのことを見ている人は必ずいます。それ以前に、誰よりも自分が一番よく知っている。それでいいではありませんか。

素直な人は孤独にならない

お釈迦様は、「注意をしてもらいやすい人でありなさい」と説いておられます。

時折、自分には何も言ってくれるなというオーラを放っている人がいますが、そういう人は成長しません。また、周囲の人からアドバイスを受けたときに不貞腐れたり、なぜ理解してくれないのかと悲嘆に暮れたり、怒り出したりする人などもい

人の評価など
どうでもいいでは
ありませんか。

ますが、そういう人は大損をしていると思います。

人からの忠告は、自分を改善へと促してくれるありがたいメッセージなのですから。

とはいえ素直であることは簡単なことではなく、実のところ大変な忍耐が求められます。お釈迦様が最高に厳しい修行だと説いておられることが2つあり、1つは「心の安定を備えること」。そしてもう1つが「忍耐を備えること」なのです。

誰かに忠告を受けたとき、ムッときたり、ショックを受けたりしても平常心を保ち、「ありがとうございました」と頭を下げろと言われても、理不尽だと思う気持ちは止められない。悔しい、悲しい、腹立たしいという感情に打ち勝つことは修行僧であっても難しい。

そんな中、私に「お釈迦様のおっしゃることはこういうことだったのか」と教えてくれたものがあります。それは武道です。

さまざまな攻撃を受け、それを克服するために練習を重ねることが精神にも肉体にも、強さを与えてくれました。

ローキックでKOされ、ボディパンチでKOされ、上段回しげりでKOされ、それでも食い下がっていく。自分の気づいていない弱点を狙われるので、試合に出るたびに気づきがあって、その欠点を克服するたびに強くなる。

相手がどう出てくるかわからない以上、頭の中で考えた勝つための作戦には限界があります。

負けてもいいから試合に出て、経験を積む。それに勝る学びはありません。

すっかり空手の話になってしまいましたが、お伝えしたいのは、日々の暮らしの中で、人からの指摘に素直に耳を傾けるという武器を備えることの大切さです。

注意されると恥ずかしいし、悔しいけれど、そこを超えることが自分を成長させてくれるでしょう。

素直さは心が柔軟な証、そして聡明さの証でもあります。柔軟で聡明な人は周囲の人から信頼され、慕われます。**素直な人が孤独になることはない**のです。

SNSの友達は友達なのか？

この世はほんとうに儘《まま》ならず、何かをひとつ得ることと何かをひとつ失うことがセットになっています。

現代において、その最たるものと言えるのがスマホなのではないかと私は思うのです。スマホという便利な文明の利器を手に入れるのと引き換えに、私達は真のコミュニケーション力を損なってしまったのではないでしょうか。

真のコミュニケーション力とお伝えしたのは、FacebookやインスタグラムといったＳＮＳ（ソーシャル・ネットワーキング・サービス）の中で繰り広げられているのがバーチャルな世界における交流であるケースが多いからです。

たとえ相手が学校や職場で顔を合わせる人物であったとしても、一日の中の１コマの写真をアップして自己表現をしているわけで、そこに真実はあるようでいてない。アップする人は嘘はついていないにしても、見る側が勝手にイメージを広げるのに任せているといえるのです。

そうであるのにも関わらずＳＮＳを常に確認して一喜一憂する人が急増しています。それに伴い、ＳＮＳ内の友達関係における悩みが後を絶ちません。

そうした方に私は、悩む必要はありませんよとお伝えしています。なぜなら**ＳＮＳの友達はいなくても平気**だから。

便宜上、友達と言っているだけで、友達などではない。知り合いですらないのです。幽霊と一緒で実態のない存在なのであり、トラブルが起きたとしても幻想の世界の中での話だと受け流せばよいのです。

ＳＮＳの友達は、友達ではない。

性格上、受け流すことができないという人はＳＮＳから離れるという選択もあります。退会しても困ることはなく、むしろスッキリするかもしれませんよ。

ありのままの自分を認める

バーチャルな世界の理想的な自分と現実世界の自分とのギャップが激しければ激しいほど悩みは深刻なものになるでしょう。

理想とする自分に比べて自分はちっぽけなダメ人間だ、生きている価値もない。そこから自死に至るケースもあるのです。

「ＳＮＳを見るたびに、こんなにみんな楽しそうなのにと思うと落ち込む」といった悩みを抱えているのは、若い人達ばかりではありません。30代の人にも、40代にも50代にもいます。

落ち込むのなら見なければいいのにと思うのですが、時として元気を与えられることもあるため、離れられなくなっているのだと私は推察しています。

いずれにしてもスマホのおかげで自分と他者を比較する病に侵された人達は、自分よりも顔がいい、自分よりもお金がある、自分よりやりがいのある仕事についている、自分より友達が多い、自分より人脈がある、自分よりずっと幸せそうだ……と思って、「よし自分も！」と奮起するのではなく、落ち込むというのですから自虐的なのです。

しかもこうした厄介な感情を持ち合わせるのは人間だけ。人間は脳が発達し、想像力を得たがゆえに妄想してしまう。

しかし人間以外の動物には妄想することがありません。ありのままの自分しか存在しないので仲間と比べて落ち込むことはないのです。だとしたら私達も妄想を捨て、ありのままの自分を認めることに救いがあるといえるのではないでしょうか。

お釈迦様は『ダンマパダ』という経典の中で

「誠ではないものを誠であるとみなし
誠であるものを誠ではないと見なす人々は
誤った思いにとらわれて、ついに真実に達しない。
誠であるものを誠であると知り
誠ではないものを誠ではないと見なす人々は
正しき思いに従って、ついに真実に達する」

（『ブッダの真理のことば・感興のことば』中村元訳・岩波文庫）

と説いておられます。

ありのままの自分でいいのだと自己肯定することのできる人は、他者のことも肯

定することができる。他者のことを肯定する人は自己肯定することもできる。

こうしたことをしっかりと理解したうえで、便利な道具としてSNSを使いこなすことが求められているのではないでしょうか。

第六章

家族の中でのさみしさについて

問題のない家族は存在しない

家族問題を抱えている人に、まず私がお伝えしたいのは、**問題のない家族は存在しない**ということ。隠しているだけで、どんな家も大なり小なり何かしらの問題を抱えているのだという想像力があれば、少しは気持ちが楽になるかもしれません。

思春期の人達から寄せられる相談に多いのは、「偉そうなことは言うが、親らしいことをしてもらった覚えがない」といった親御さんに対する批判。親の顔も見たくない、育ててもらった覚えはないなど反発心をあらわにする人もいますが、その心の奥にあるのはさみしさです。

『父母恩重経《ぶもおんじゅうきょう》』の中に「10種類の親の恩」が説かれています。

1　懐胎守護《かいたいしゅご》の恩　妊娠中の苦しさを超えてくれたことに対する恩
2　臨生受苦《りんしょうじゅく》の恩　出産の苦しさに耐えてくれたことに対する恩
3　生子忘憂《しょうしぼうゆう》の恩　生みの苦しみを忘れるほど喜んでくれたことに対する恩
4　乳哺養育《にゅうほよういく》の恩　お乳を飲ませてくれたことに対する恩
5　廻乾就湿《かいかんじっしつ》の恩　心地の良い場所に寝かせてくれたことに対する恩
6　洗濯不浄《せんかんふじょう》の恩　オムツや産着などを洗濯してくれたことに対する恩
7　嚥苦吐甘《えんくとかん》の恩　自分は食べなくても食べさせてくれたことに対する恩
8　為造悪業《いぞうあくごう》の恩　我が子のためなら悪事もするというほど愛してくれたことに対する恩
9　遠行憶念《おんぎょうおくねん》の恩　遠くへ行くほどに心配を募らせてくれたことに対する恩
10　究竟憐愍《くっきょうれんみん》の恩　我が子が何歳になろうと変わらぬ親心に対する恩

ミルクを飲ませ、オムツを替えてくれた人がいなければ今の自分はないわけです。このことを思えば、少なくともやりきれないほどの孤独感からは脱却することができるのではないでしょうか。

親の過干渉は子どもを孤独にする

親の心子知らずという話をしました。けれど、親のありがたみについては自分が親の立場にならなければ、あるいはある程度の経験を積んだ後でなければ理解できないのではないかという気がします。

反発する我が子を目の当たりにして孤独感を募らせている親御さんもおられますが、『六方礼経《ろっぽうらいきょう》』という経典の中に「親が子に対して行うべき5つの役割」が記されています。

1　子どもに「悪いこと」をさせないようにする
2　「善いこと」を行うよう奨励する
3　教育を与える
4　結婚相手をみつける
5　ふさわしい時期が来たら、財産の管理を任せる

思春期の子どもに関しては、1番、2番、3番のことをしたら、あとは一切口出しせず、どんな大人になるのかを楽しみに待てばよいのです。

過干渉は子どもの心を遠ざけます。それがなぜかといえば、たとえば「勉強しなさい」と言う親が、「あなたのためだ」と恩に着せながら、その実、我が子は優秀だという自分の虚栄心を満たそうとしていることを子どもが見抜いているからです。

また、反抗期は子どもから大人へと生まれ変わる際に、心が追いつかずに生じる自然現象。ひたすら嵐が過ぎるのを待つほかありません。ここは忍耐勝負です。ただし、一方的にでもいいので声掛けを忘れずに。

親になると聖人君子を気取ってしまいがちですが、反抗的な我が子は昔の自分とそっくりだということも多いもの。ならば「私もそうだったからわかるけどね」と子どもに寄り添ってみてはいかがでしょうか。

独り立ちするのが子の使命

思春期を迎えた人から「孤独なんです」という相談を受けるたびに、私は蟹の脱皮を思い浮かべます。蟹は甲羅だけでなく、内臓まで一緒に脱皮する。まさに命がけで生まれ変わるわけです。

人間も同じで、子どもだった一人の人間が大人に変わるためには大変なエネルギーが必要。この時期に両親が不仲であったり、あるいは離婚したり、その後に再婚して新しい家族が増えたりといったことがあると、土台が揺らいでオチオチ脱皮していられないという状況に陥ります。

命がけで脱皮しようという真剣な時期を迎えているときに、見守ってくれる人がいないというのは心細い。この心情を孤独だと表現するケースが多いようです。

けれど、親は見守ることしかできません。生まれた瞬間から一心同体で生きてきた親を離れ、**独り立ちすることが子の使命**なのです。外界へと飛び出し、家族以外の広い世界の中で自分の友を作っていくことが子どもの成長につながるのです。

お釈迦様が人々を救うために説かれた「四摂法《ししょうぼう》」という教えがあります。人間

関係の極意ともいうべき4つの方法とは、

1　布施《ふせ》　惜しみなく与えること
2　愛語《あいご》　思いやりのある言葉をかけること
3　利行《りぎょう》　人のために尽くすこと
4　同事《どうじ》　協力して行うこと

当たり前のことじゃないかと思う人がいるかもしれませんが、その当たり前のことがなかなかできないからこそ、お釈迦様は「四摂法」として伝えてくださっているのです。

親を脱皮した後に、「四摂法」を行っていたら、あるいは知識があって志そうという気持ちがあれば、私達は孤独になることはありません。周囲の人達に嫌われることはないし、四摂法を行う対象に家族も含まれているので、家族との関係性も安定することでしょう。

甘えと期待が孤独感を招く

内弁慶という言葉があります。外ではおとなしいのに家の中では暴れん坊といった意味ですが、二面性がどこから生じるのかといったら家族に対する甘えです。

私は福厳寺の敷地内にある幼稚園に10年間勤務していました。今も子ども達と接する機会が多いので断言できるのですが、子どもの知恵は早くから発達しています。個人差はあれ3歳くらいで大人の顔色を伺う術を覚えるのではないでしょうか。

そうした中、家族なら許してくれる、家族なら助けてくれるということを認識するようになります。幼いうちはよいのですが、幼少期の家族との関係性を引きずったまま成長してしまうといけません。それでは体の大きな赤ん坊です。そしてそれこそが家族の中で孤独感を抱いている人の孤独の要因なのです。

先日も家族はいるが自分は天涯孤独だといった悩みを抱える30代の男性から相談がありました。「仕事がうまくいかず、家族にお金を貸してほしいと頼んだら冷たく断られた」と始まるメールは、「親なのに」「兄弟なのに」と続きます。最後は「家族に恵まれない自分は何をよりどころにして生きていけばよいのでしょうか？」と結ばれていました。

これが甘えでなくて何でしょう？「親なのに」「兄弟なのに」というセリフは期待が裏切られたという心の現れですが、期待というのは抱く人のおめでたい妄想。家族にしてみたら、勝手に妄想を抱かれて、思う通りにならなかったからといって恨まれたのではたまりません。

ところが家族といても孤独だと感じている人の多くが、「困ったときに親身になってくれないのなら、何のための家族だ」とか、「理解してくれない家族ならいらない」などと考えています。

これまでのところでもお伝えしたように仏教では、**どんな関係性の人も「友」**であるという認識です。家族であっても他人。血のつながらない他人と同じ「個」の存在であり、自分が生きていくのに必死なのです。それはお互い様なのではないでしょうか。


とはいえ、**ご縁があって家族として過ごすことになった友**は、他の友と違って、素の自分を見せることができるという気安さがあります。生活習慣や家のしきたりを通して備えたのは似た価値観なのに違いなく、それだけについつい「いちいち言わなくてもわかってほしい」と考えてしまいがちです。

それならそれで「あなたのことを尊重してる」「あなたのことを信頼してる」「あなたのことを思ってます」という心を示し、親しき中にも礼儀ありを心がけましょう。難しいことではありません。

どんな関係性の人も
「友」。

朝、家族の顔を見たら「おはよう」と言う。
夜、眠る前には「お休みなさい」と言う。
家を出るときには「行ってきます」と言う。
家族を見送るときは「行ってらっしゃい」と言う。
帰宅したら「ただいま」と言う。
家族が帰ってきたら「おかえりなさい」と言う。
食事を食べるときには「いただきます」と言う。
食べ終えたら「ご馳走様でした」と言う。
何かをしてもらったら「ありがとう」と言う。
失敗したなと思ったら「ごめんね」と言う。

ちなみに「挨拶」は禅語。挨拶の「挨」は近づく、「拶」は引き出す。師匠と弟子の真剣なやり取りから生まれた言葉です。挨拶を交わすことは奥の深い行為。それだけに相手の心にジンワリと、でも確実に響きます。

運命のせいにしない生き方

人の悩みは多種多様ですが、突き詰めていくと人間関係の悩みであるというのが常です。中でももっとも複雑なのが親子関係かもしれません。

たとえば職場での人間関係が悪いと悩んでいたとして、簡単に転職したりできないから悩むわけですが、ひとたび転職しようと腹をくくってしまえば、あと腐れなく離れることができます。夫婦にしても離婚するという選択肢があります。けれど親子関係を断ち切るのは容易なことではありません。

この章の冒頭で、『父母恩重経』にある「10種類の親の恩」をご紹介しました。

その教えに触れ、ほんとうにその通りだと心を入れ替えることのできる人は家庭環境に恵まれた人だと思う人もいることでしょう。私が抱える親子問題は根深く、話はそんなに簡単ではないのだと感じている人がいるはずです。

たとえば連日のように報じられている幼児虐待も親子問題です。新型コロナウイルスの感染拡大による自粛生活の中、密閉された室内で、親から虐待を受けながら地獄のような日々を送った子どもがいたと聞きました。こうしている今も人知れず苦悩している子どもがいることを思うと胸が痛みます。

今に始まったことではありません。私のもとには70代、80代の方からの「親子問題に翻弄された数奇な運命をどう受け止めたらいいのかわからない」といった内容のお悩み相談が寄せられています。

親から暴力を受けた、罵詈雑言を投げつけられた、食事を与えてもらえなかった、兄弟の中で自分だけが酷く当たられた、ヒステリーを起こす母親の姿に怯えて暮らした、母が自分を置いて男と逃げてしまった、借金苦から父が蒸発してしまった……。

親しか頼る者のいない幼い日々の中で親に裏切られたという経験は、人の心の中に決して埋めることのできない空洞を作ってしまいます。深刻なのは安心感を知らずに育ったことが、後の人間関係に悪影響を及ぼすことです。

ある人は人間不信から職場を転々とした過去を振り返り、ある人は親と同じように自分も我が子を捨てたと自らの犯した罪を顧みて、自分の運命を呪います。親を許せないと訴えます。

私はその切なる訴えに耳を傾けることはできますが、実のところ、悩める人を救うことができるのは悩める本人よりほかにありません。

先日、ある檀家さんと話していたところ、期せずしてその方が幼い頃に親に捨てられ、親戚中をたらい回しにされながら苦労して育ったことを知りました。穏やかな笑顔からは想像もつかない壮絶な生い立ちでしたが、その方は親御さんのことを恨んでいないと話しておられたのです。なぜなら親もまた完璧な人間ではないのだからと。そして、自分が今あるのは親がいたからだと考えて感謝し、けれど親と同じことは決してしてしまいと思って生きてきた。そのおかげで円満な家庭を築くことができたからだと続きます。

どんなに愚かな親であっても人生の師になり得るのです。

運命は残酷だと嘆きながら、親を恨み、憎しみにエネルギーを吸い取られたまま生きるのか、それとも親を反面教師として希望を見出し、どんなことにも感謝しながら生きるのか。ここが人生の分かれ道。

親を許すことによって、自分をがんじがらめにしていた忌まわしい過去を手放し、自分は幸せになってよいのだと自分に許可することもできるでしょう。

この世は捨てたものではありません。自分の不幸を運命のせいにしてはいけないと気づいた人から幸せになることができるのです。

どんなに
愚かな親であっても
人生の師。

第七章

愛する人との死別のさみしさを乗りこえるには

見送る孤独

愛する人の死を受け入れるための5つのステップ

「会うは別れの始まり」という言葉がありますが、この世で出会えてよかったという喜びと、別れのつらさはセット。そう考えると100パーセント幸福な人生はなく、生きること自体が修行であるとつくづくと思うのです。

砂漠のように広がる喪失感、そして孤独感。この苦しみをお釈迦様は人が避けることのできない「四苦八苦」のひとつ「愛別離苦《あいべつりく》」であると説いておられます。けれど死別後の孤独が苦しいからといって、愛する人と出会わなかったらよかったのかといえば、そんなことは断じてないはずです。

ならば別れるのがつらくてたまらない人と現世でご縁のあったことに感謝するほ

うがいい。感謝すべきだというのではなく、**感謝することが1つの癒しになる**のではないかと私は思うのです。

エリザベス・キューブラー＝ロスという心理学者の書いた『死ぬ瞬間』という本があります。それによれば、愛する人を亡くした人は「5つのプロセス」を経て現実を受け入れることが臨床研究によって明らかにされているそうです。

1　否認　そんなことは受け入れられないと心を閉ざす。
2　怒り　なぜあの人だけがという憤りに襲われる。
3　取引　あの人が戻ってくるなら何でもしますと神に取引を持ち掛ける。
4　抑うつ　最早、なす術もなく、希望を失い放心状態になる。
5　受容　あの人は死んだのだと受け止める。

いずれにしても愛する人の死を受け入れるまでには時間がかかります。けれど時間の経過とともにショック状態から逃れ、静かな気持ちで故人のことを偲ぶ日が訪れる。そう信じて過ごすことが大切です。

死別の悲しみから立ち直るには

僧侶である私は、故人とのお別れの儀式で「私を置いていかないで」と泣き叫んだり、「生きる気力がなくなった」と嘆いたりなさる遺族をたくさん見てきました。そうした方々を批判するつもりは毛頭ありません。泣くだけ泣けばいいのだし、嘆くだけ嘆けばよいのです。悲しみを癒すまでの過程の一環なのですから。

でも何年経っても愛する人との死別の悲しみから立ち直ることができずにいるという場合は、問題視する必要があります。

そうした方には「もしもあなたが先立つ立場だったら長いあいだ愛する人が嘆き悲しむ姿を見たいですか?」と伺いたいのです。一日も早く立ち直ってほしい、そして笑顔で暮らしてほしいと望むのではないでしょうか?

ではどうすればいいのかといえば、「あなたの分まで精一杯に生きていきますので、心配しないで安らかに眠ってください」と、故人の冥福を祈ることです。

東日本大震災が発生したとき、私はボランティアスタッフの一員として被災地へ出向きました。瓦礫の撤去や家財道具の運び出しなどを行っていたところ、被災者の方から「普段、お坊さんをしておられるなら、お経をあげていただけませんか?」という依頼を受け、お経を唱えたことがありました。

その折に、津波でご家族を亡くされたという女性が話されていた言葉が忘れられません。その方は「私は悲しみに暮れることしかできないと思っていましたが、祈ることができるのだと気づきました。祈りを捧げることで少しだけ気持ちが落ち着いたような気がします」とおっしゃったのです。

祈りを通して私達は故人の魂と対話し、故人の成仏を願うだけでなく、自らの心を癒すことができるのです。

少しずつ孤独を癒すということ

さだまさしさんの『関白宣言』という歌に「俺より先に死んではいけない」という歌詞が出てきます。自分より一日でも長く生きて俺を看取れ、最期に手を握って「愛していたのはお前だけだった」と言うからと。

さだまさしさんはほんとうに素敵な詞を書かれるなと思うわけですが、言ってみればこれは男のロマン。そうできたら理想的だと思っていても実行せずに過ごしてしまいがちです。

その結果、奥様を亡くされた後の男性の中には、廃人のようになってしまわれる方も少なくありません。これまで身の回りのことは奥様任せで、ご自分は靴下がどこに入っているのかもわからない。

つまり奥様に依存して生きてきたということがいえるのです。

妻との別れが悲しいという気持ちに、追い打ちをかけるようにして「これからどうしよう」という不安が襲い掛かる。この心情を人は「孤独」と表現します。

私が住職を務める福厳寺には「万福庵《まんぷくあん》」という食堂があります。

ある檀家さんの奥様がお亡くなりになり、私は生前の奥様から癌で余命宣告を受けたというご報告を受けていました。その折に奥様がひとつだけ思い残すことがあると。夫が自分で食事を作れないということをものすごく案じておられたのです。

やがて奥様は他界され、残された旦那さんが毎日のようにお墓参りにみえるようになりました。

その打ちひしがれたお姿をお見かけし、お墓参りの帰りに食事をしていただく場があればいいなと考えて作ったのが万福庵なのです。

万福庵にはメニューがありません。なぜなら家庭のご飯にはメニューなんてありませんから。お寺の職員が栄養のバランスを考えて拵えた家庭料理を提供しています。

通われているうちにお仲間ができる。同じ孤独を抱えた者同士でなければわかり合えないこともあるでしょう。さまざまな情報交換をすることで希望を見出す人もいます。そうしているうちに少しずつ悲しみや喪失感が薄らいでいく。**少しずつ孤独な心を癒すというところが大切なこと**だと私は思うのです。

なぜ供養するのか

私が宗教学を学んだ愛知学院大学大学院には、当時、ティム・フィッツジェラルドというイギリス人の先生がいました。先生は「日本には時間をかけて死別を受け入れていくための儀式」がある。だから見送る人が鬱状態に陥るケースが欧米に比べて少ないのだろうと話していました。

周知のように仏教では、人がお亡くなりになると葬儀を行います。そして、その後も七日経といって、七日ごとに法要をするのが習わしです。都会では四十九日目に法要を行うケースが多いかと思いますが、七日×七回で四十九。あの世で七日ごとに七回行われる審議にあわせて法要するのが本来のあり様です。

あの世で行われる審議とは、故人の生前の生き方を審査されるというもの。ところが本人は生きているあいだにした罪深いことを覚えていないため、遺族や親しくしていた人が故人の代わりに功徳を積む。それが法要の本質です。

一番怖い裁判官であるところの閻魔大王が出てくると大変だとか、輪廻で悪いところに生まれ変わるとかいったことは、非科学的で信じがたいとおっしゃる方もいるでしょう。

けれど私は法要そのものが非常に意味のあるシステムだと考えています。

大切な人を亡くし、大きな喪失感や孤独感の中にいる人は、法要の儀式を経るたびに死を受け入れていく。

家でじっとしていても苦しさは募るばかりですが、僧侶のあげるお経を聞きながら仏様の前で手を合わせることによって心が癒されていきます。

また、親族が集まって互いにフォローし合うことができるという利点もあるのです。

人が一人亡くなるというのは大きなことで、家族のバランスが崩れてしまいがちですが、法要を通じて再形成していくこともできるでしょう。

そしてもうひとつ、法要を介して命の有限性に気づくということがあると思います。

身近な人が亡くなることを通じて、いつかは自分も死ぬのだと自覚を備える。そこから人は与えられた時間、残された時間をどう使うか?と考え始める。

死について考えることは、どう生きるのかを考えることなのです。そのことを理解すれば、**「孤独な時間」は自分の人生を豊かにするために与えられた「ありがたい時間」**なのだと受け止めることができるでしょう。

「供養」という言葉は、供《とも》に養うと書きます。私はこれを故人と遺族の両方を養う行為だと考えています。

愛する人が亡くなって悲しい。そうであれば思い切り泣けばいい。けれどひとし

「孤独な時間」は
「ありがたい時間」。

きり泣いたら故人が「死」をもって教えてくれたことに思いを馳せ、自分の人生について熟考する。これこそが孤独との上手なつきあい方であると言えるのではないでしょうか。

旅立つ孤独

死ぬのが怖いという人へ

死ぬのが怖いとおっしゃる方はたくさんおられます。そういうお年寄りに私はいつもこうお伝えしています。人類の祖先が誕生してからおよそ400万年以上が経っているわけですが、これまでに上手に死ねなかった人はいないのですから、心配しなくても大丈夫ですよと。

このことを踏まえたうえで、それでも死ぬのが怖いという方にはお墓参りを頻繁になさることをおすすめします。

先祖供養をしながら、亡くなったおばあさんとはこんな話をした、おじいさんとはこんな思い出があると考えるのはご先祖様たちと対話をすること。

そんな風にあちらの方々と語らううちに、死後の世界に馴染むというか、来るときが来たらあちらの世界へ行くのも悪くはないなと思えてくることでしょう。

あとはいつお迎えがきてもいいように、会いたい人には会い、伝えたいことがあれば伝えておくことです。

自分の心を素直なものへと誘うために有効なのが「明日、死ぬかもしれない」という想像力を持つこと。

そうすれば面と向かって言うのが恥ずかしかった「ありがとう」や、意地を張って言えずにいた「ごめんなさい」を伝えなくてはという気持ちになるでしょう。**思い残すことのないよう人生を整えるのも、死の恐怖を手放すための術**なのです。

そしてもっとも大切なのは達観することだと思います。
私が尊敬する江戸時代の僧侶・大愚良寛和尚が、大震災で子どもを亡くした俳人・山田杜皐《とこう》に宛てた見舞いの一文にこう記したと伝えられています。
「災難に遭う時節には災難に遭うがよく候《そうろう》
死ぬ時節には死ぬがよく候
これはこれ災難をのがるる妙法にて候」
一見すると冷たく感じられる一文ですが、その実、真の愛に満ちた言葉だと私は感動を覚えます。どんなに慰めたところで亡くなった子どもは返ってこない。ならば慰めの言葉は無用です。それより大事なのは自己憐憫を拭い去り、前を向いて生きていくことだと良寛和尚はお考えになったのではないでしょうか。
愛する人の死に際しても、自分の死においても、現実を見据えて受け入れることが大切なのです。それこそが死に対する恐怖を手放すための方法なのですから。

孤独死は悲しいことなのか？

最近になって「孤独死」という言葉をよく耳にするようになりました。孤独死する人は昔からいたわけですが、ここへきて数が増えているということなのでしょう。確かに全国のお寺で天涯孤独なご遺体の供養をする機会が増えています。

なんらかの原因で突如として倒れ、発見されるまでに時間がかかってしまったというケースは、一人暮らしの高齢者の増加に伴い増えているのですが、内閣府の「平成30年高齢社会白書」によれば、孤独死の8割以上が60代以上の男性です。その理由として、女性に比べて男性は地域やご近所さんとのおつきあいを避ける傾向にあることが挙げられます。

独り身の方が亡くなった場合、遺体が発見されれば警察に通報され、検視によって身元確認が行われます。そして故人の血縁関係者に連絡が行って、遺体が引き取られます。かりに親族がいない場合は、市町村が火葬式も行ってくれます。ただ、誰にも看取られることなくこの世を去るのはさみしいことだと、自分自身の臨死体験を通して感じます。

私は複数の臓器や全身にアレルギー症状が起こるアナフィラキシーショックにより生死の境をさまよったことがあるのですが、ふと意識が戻ったときに、家族やお弟子さんといった人達の顔を見て安堵しました。最後に顔を見ることができてよかったなと思ったのです。

もっともこれは個人的な見解であって、必ずしも孤独死はさみしいとは言い切れません。自分はひとりで死ぬのだと覚悟を決めている人にとっては孤独死こそが理想の死に方だということもあるでしょう。問題は望まない孤独死なのです。

かつて、行政から依頼を受けて、孤独死をされた方のご遺骨を引き取ったことがありました。その方には、息子さんがおられたということでした。しかし、「家族を捨てて出ていった人だから親とは思っていない」と遺体の引き取りを拒否されたそうです。

逆に、同じように家族を捨てて出て行った父が孤独死をし、行政から連絡を受けて遺体を引き取った息子さんから供養の依頼を受けたこともあります。その息子さんは、「不思議な感覚です。母からは、父は私が物心つく前に出て行ったと聞いています。だから顔も知らないし、思い出も情もありませんが、それでもこれが自分の父なんですね」と言いながら、丁寧に供養を執り行われました。そして今でも盆、彼岸にはお墓参りを欠かしません。

とはいえ再会を果たすのが死後というのはあまりにもさみしい。あるいは故人がほんとうは家族に看取られたいと思いながら諦めていたとしたら、切な過ぎると私は思うのです。

大切な人とのあいだにわだかまりがあるのなら、どうぞ生きているうちに解決してください。勇気を出して会いに行くなり、手紙を書くなりしてください。すんなりとはいかないかもしれません。その願いは受け入れられないこともあるでしょう。それでもせめて「あなたのことを思っています」ということだけは伝えていただきたいのです。自分のために、そして何よりも残された人のために。

余命を宣告されたら何をするべき？

余命宣告を受けた方から「どうすれば心に折り合いをつけることができるでしょ

うか？」といったご相談を受けることがあります。

私の答えは「悔いのないように精一杯のことをしてください」というもの。そのことが必ずや死を受け入れることにつながります。

人は**死ぬのが怖いのではなく、悔いを残して死ぬのが怖い**のです。


とはいえ悔いを残さずに死ぬのは容易なことではありません。ここではある檀家さんからお父さんの一周忌法要の折に伺った話をしましょう。

会社経営をされていたその方のお父さんは癌になり余命宣告を受けていました。病院のベッドの上で考えていたのは借金のこと。こっそり病室に持ち込んだファイルと格闘しながら、なんとかならないかと最後まで苦悩していたそうです。息子さんがそのことを知ったのはお父さんの死後のことでした。

息子さんは何の覚悟もないままにお父さんが残した借金の整理に追われることとなりましたが、一周忌のときに、「なぜ相談してくれなかったのかと、そのことばかりを思う」と話しておられたのが印象的です。

この場合、お父さんがすべきことは借金問題と取り組むことではなく、息子さんと腹を割って話すことでした。もちろんお父さんに悪気はないとわかっています。それだけに、ひとりで悩まず相談してほしかったと、息子さんはお父さんを孤独にしてしまっていた自分を責めてしまう。

このモヤモヤを取り払うことこそが、先立つ人の役割なのではないでしょうか。

大津秀一さんというホスピス医がお書きになった『死ぬときに後悔すること25』という本によれば、ほとんどの人が何らかの後悔を残してお亡くなりになるそうです。

本の中には25パターンの後悔が紹介されています。「体を大切にしなかった」「故郷に帰らなかった」「会いたい人に会っておかなかった」……。その中に「神仏の教えを聞かなかった」というのもあります。

着目すべきは人が「してしまったこと」より「しなかったこと」に悔いを残すという点です。

たとえばわだかまりのある人がいたとして、謝っても許してもらえなかったとしましょう。でもそれは悔いにはなりません。

一方、どうせ許してもらえないだろうと諦めたり、なぜ自分が折れなければいけないのかと意地を張ったりして和解の機会を設けなかったことは、大きな後悔につながる。私はそう思います。

自分なりの死生観を備える

死生観を備えることは非常に大切だと思います。

どう生きるのか。
どう死ぬのか。
という自分なりの死生観を持っていれば、どんなときも惑うことがありません。死生観を軸に、こういうときはこうすればよい、こういう覚悟でいればよいと自分のすべきことを定めていくことができるからです。

たとえば私は雲水《うんすい》のようでありたいと思っています。もとよりお坊さんのことを「雲水さん」と言うのです。それは雲がどことなく定めなく行き、水が流れて止まないように修行を続ける姿を指します。

私はひとりの人間としても、水や雲のように自在に形を変えながら柔軟に、そうして流れつく先々を豊かに潤していきたい。そんな理想を掲げ、精進を重ねて、成すべきことを成し終えた後はゆったりした気持ちで死んでいきたいと考えているのです。

もちろん死生観は人それぞれですので、人に押し付けるつもりはありません。ただ、「柔軟性」というものがコロナ後を充実した心で生きるためのキーワードになるのではないかなと考えています。

これまでは鋼のような強い精神力を持つことが強さだと捉えられてきましたが、これからは竹のように反っても折れないしなやかな心で生きる時代だという気がするのです。

コロナを通じて世の中は何が起こるかわからないと痛感された方が多いのではないでしょうか。人生もまたしかり。

けれど、どんなことが起きても柔軟な発想ができれば怖いものはありません。

考え方を変えたり、生活スタイルを変えたり、お金の使い方を変えたり、つきあう人を変えたりしながら生きる。それまでの自分や、やり方にしがみついていないで変化に対応して生きる。これが**仏教でいうところの「巧みに生きる」**ということなのです。

お釈迦様は最後には病にかかられ、体の痛みに苦しまれたといわれています。けれど亡くなるときには、夕日に染まる地平線を眺めながら「ああ、この世は美しい」という言葉を残されました。

死に際に「この世は美しい」と言えるのは、美しい心で生き、その結果として自分の心の中に平安を携えておられたからなのに違いありません。私達もそうありたいものです。

おわりに
ほんとうの幸せとは何か？

お釈迦様はお弟子さん達に「なすべき自分の人生の目標に向かって孤高に生きるというスタンスを基本に生きなさい」と伝えておられます。

修行僧というのは家族も財産も捨てて修行に打ち込む覚悟ができている人達で、いわばプロ野球集団。お釈迦様の修行僧に対する教えは、草野球チームの人達に対するものと比べて格段に厳しかったのです。

その一方でお釈迦様は、一人で修行をすると迷いが生じたり、くじけてしまったりするという理由から、僧伽《そうぎゃ》（サンガ）といって4人以上の仲間と組んで修行をすることを推奨なさいました。

修行僧は100パーセントお布施に頼って暮らします。社会とつながりを絶つことは孤独だと捉えがちですが、コミュニティーの中で人を支えたり、助けられたりすることを忘れてはいけないと考えておられたのです。

人は一人で生まれ、死んでいくわけですが、その過程においては関係性を生きていきます。ところが現代人は自分だけよければいい、今さえよければいいと考えてしまいがち。それでは結果的に社会からつまはじきにされ、幸せとはほど遠い人生を送ることになってしまうでしょう。

米ハーバード大学で75年以上に渡り行われている「幸せな人生を送るために必要なもの」をテーマにした研究があります。そのことを記した本によれば、ハーバード大学在学中の学生と、ボストンのスラム街に暮らす700人の人達を対象に追跡調査をした結果、幸せとはお金持ちになることでも、地位や名誉を得ることでもなく、「質の高い人間関係の構築」であることが判明したとのこと。

しかも質の高い人間関係において結ぶ絆は、家族でなくても、夫婦でなくても、親友でなくてもかまわないということがわかっています。コミュニティーの中で安定した人間関係を淡々と継続していくことが大切だという調査結果から浮かび上がるのは、家族に恵まれなくても、結婚しない人生であっても、友達がいなくても、孤独だと嘆く必要はないということです。

ではどうすれば質の高い人間関係を築くことができるのかといえば、**自分自身が質の高い人間になること。そして人から与えられるのを待つのではなく、まず自分から与えようと心がけること。**仏教における慈悲心の教えに通じています。

自分自身が他者に対する思いやりの心を育むことができるかどうか。これこそが幸福への道なのです。

ひとりの「さみしさ」とうまくやる本《ほん》

孤独《こどく》をたのしむ。

2021年5月15日 初版第1刷発行

著者	大愚元勝《たいぐげんしょう》
発行者	笹田大治
発行所	株式会社興陽館
	〒113-0024
	東京都文京区西片 1-17-8 KSビル
	TEL 03-5840-7820　FAX 03-5840-7954
	URL https://www.koyokan.co.jp

ブックデザイン	喜來詩織(エントツ)
構成・編集協力	丸山あかね
校正	結城靖博
編集補助	久木田理奈子＋渡邉かおり
編集人	本田道生

印刷	惠友印刷株式会社
DTP	有限会社天龍社
製本	ナショナル製本協同組合

©Taigu Gensho 2021　Printed in Japan
ISBN978-4-87723-273-3 C0095

乱丁・落丁のものはお取替えいたします。
定価はカバーに表示しています。無断複写・複製・転載を禁じます。

『論語と算盤』

渋沢栄一の名著を
「生の言葉」で読む。

渋沢栄一

本体 1,000円+税
ISBN978-4-87723-265-8 C0034

日本資本主義の父が生涯を通じて貫いた「考え方」とはなにか。
歴史的名著の原文を、現代語表記で読みやすく!

『ストレスをぶっ飛ばす言葉』

心がスッキリする100のアドバイス

精神科医Tomy

本体 1,200円+税

ISBN978-4-87723-270-2 C0030

心にこびりついて離れないイヤな気分も、ちょっとした一言でスーッと消えてしまう。「言葉って処方箋なのよ」 人間関係、仕事、家庭、恋愛、SNS 等々、あらゆるストレスをスカッと晴らす、ゲイの精神科医 Tomy の言葉集。

こころを軽くする言葉
対人関係の不安を消す

アルフレッド・アドラー　著
長谷川早苗　翻訳
星野 響　構成

本体 1,400円+税
ISBN978-4-87723-269-6 C0011

アルフレッド・アドラーの名言集。

「心の毒がスーッと消えて、いまの自分のままで生きられる」

過去の傷を断ち切り、あなたのまま、自分らしく生きるためのメッセージ集。

アドラー心理学のエッセンスがこの一冊に！

興陽館の本

終《つい》の暮らし　曽野綾子
わたしひとり、どう暮らし、どう消えていくのか。曽野綾子が贈る「最期の時間」の楽しみ方。
1,000円

88歳の自由　曽野綾子
途方もない解放感！ 88歳になってわかった生き方の極意とは。自由に軽やかに生きるための人生の提言書。
1,000円

病気も人生　曽野綾子
自ら病気とともに生きる著者が、病気や死とともに生きる人への想い、言葉を綴ったエッセイ集。
1,000円

一人暮らし　曽野綾子
連れ合いに先立たれても一人暮らしを楽しむ。幸せに老いる極意を伝える珠玉の一冊。
1,000円

六十歳からの人生　曽野綾子
人生の持ち時間は、誰にも決まっている。体調、人づき合い、暮らし方への対処法。
1,000円

身辺整理、わたしのやり方　曽野綾子
身のまわりのものとどのように向き合うべきか。曽野綾子が贈る、人生の後始末の方法。
1,000円

【新装版】老いの冒険　曽野綾子
人生でもっとも自由な時間を心豊かに生きる。老年の時間を自分らしく過ごすコツ。
1,000円

「いい加減」で生きられれば…　曽野綾子
人生は「仮そめ」で「成り行き」。いい加減くらいがちょうどいい。老年をこころ豊かに、気楽に生きるための「言葉の常備薬」。
1,000円

孤独ぎらいのひとり好き　田村セツコ
「みんな、孤独なんですよ。だからね」と語り出すセツコさんの孤独論。ひとりぼっちの楽しみ方をお教えします。
1,100円

50歳からの時間の使いかた　弘兼憲史
老化は成長の過程。ワイン、映画、車、ゲーム。アラフィフからの人生、存分な楽しみ方を弘兼憲史が指南する。
1,000円

表示価格はすべて本体価格（税別）です。本体価格は変更することがあります。

興陽館の本

秒で見抜くスナップジャッジメント メンタリストDaiGo
「外見」「会話」「持ちもの」を視れば、相手の頭の中がすべてわかる！人間関係、仕事、恋愛、人生が変わる！ 1,400円

これからを生きるための無敵のお金の話 ひろゆき（西村博之）
「お金の不安」が消える！2ちゃんねる、ニコニコ動画他の西村博之がおくるお金とのつきあい方の極意。 1,300円

おしゃれの手引き115 中原淳一
おしゃれで美しく暮らす方法を指南する、昭和を代表するイラストレーター中原淳一のメッセージ集。 1,300円

退職金がでない人の老後のお金の話 横山光昭
貯金ゼロ、年金しょぼしょぼ、退職金なしでも大丈夫！絶望老後を迎える〝あなた〟の不安を解消します！ 1,200円

魯山人の和食力 北大路魯山人
伝説の天才料理家が伝授する超かんたん、極上レシピ集！誰も知らない和食の秘密、美味しさの神髄とは？ 1,000円

眼科医が選んだ目がよくなる写真30 本部千博
クイズ形式の写真を見て目力のトレーニング！簡単に、楽しく、「見る」力がつきます！ 1,200円

孤独がきみを強くする 岡本太郎
孤独は寂しさじゃない。孤独こそ人間が強烈に生きるバネだ。たったひとりのきみに贈る岡本太郎の生き方。 1,000円

群れるな 寺山修司
「ふりむくな、ふりむくな、後ろに夢はない。」生を見つめる「言葉の錬金術師」寺山のベストメッセージ集！ 1,000円

60（カンレキ）すぎたら本気で筋トレ！ 船瀬俊介
筋肉力は、生命力だ！「筋肉」が強いヤツほど、若々しい。70歳で細マッチョが伝授する筋力トレーニング。 1,300円

【普及版】年をとってもちぢまないまがらない 船瀬俊介
「背ちぢみ」「腰まがり」「脊柱管狭窄症」も筋トレで治る！「骨力」は「筋力」！筋肉を鍛えろ！背筋を伸ばせ！ 1,100円

表示価格はすべて本体価格（税別）です。本体価格は変更することがあります。